STF – COMO CHEGAMOS ATÉ AQUI?

DUDA TEIXEIRA

STF – COMO CHEGAMOS ATÉ AQUI?

COPYRIGHT © FARO EDITORIAL, 2024
Todos os direitos reservados.

Avis Rara é um selo da Faro Editorial.

Nenhuma parte deste livro pode ser reproduzida sob quaisquer meios existentes sem autorização por escrito do editor.

Diretor editorial **PEDRO ALMEIDA**
Coordenação editorial **CARLA SACRATO**
Assistente editorial **LETÍCIA CANEVER**
Preparação **TUCA FARIA**
Revisão **BARBARA PARENTE**
Imagem de capa **RAFASTOCKBR | SHUTTERSTOCK**

Dados Internacionais de Catalogação na Publicação (CIP)
Jéssica de Oliveira Molinari CRB-8/9852

Teixeira, Duda
    STF : como chegamos até aqui? / Duda Teixeira. — São Paulo : Faro Editorial, 2024.
    128 p.

    Bibliografia
    ISBN 978-65-5957-513-8

    1. Ciência política 2. Poder 3. Justiça I. Título

24-0490   CDD 320

Índice para catálogo sistemático:
1. Ciência política

1ª edição brasileira: 2024
Direitos de edição em língua portuguesa, para o Brasil, adquiridos por FARO EDITORIAL

Avenida Andrômeda, 885 — Sala 310
Alphaville — Barueri — SP — Brasil
CEP: 06473-000
www.faroeditorial.com.br

SUMÁRIO

NO PLENÁRIO 7

SEPARAÇÃO DE PODERES 15

IMPARCIALIDADE 44

ACESSO À JUSTIÇA 61

LIBERDADE DE EXPRESSÃO 82

COMO CONSERTAR O STF 103

SOBRE O QUE É HISTÓRICO 116

BIBLIOGRAFIA 119

NOTAS 122

NO PLENÁRIO

ERA QUARTA, 31 de maio de 2023. Policiais armados e com coletes à prova de balas da Polícia Judicial se posicionavam no entorno do prédio com vidros do Supremo Tribunal Federal, que fica de frente para a Praça dos Três Poderes, com vista para o Palácio do Planalto e para o Congresso. À frente, fica a estátua *A Justiça*, de Alfredo Ceschiatti. Com 3,30 metros de altura, a obra mostra uma mulher com os olhos vendados, representando a imparcialidade da Justiça. Um gradil de metal, colocado um mês após os protestos de 2013, separa o prédio e a estátua do restante da praça desértica. Só há movimento em uma das laterais, onde cerca de trinta índios cantam e dançam.

Perto da uma hora da tarde, dois ônibus estacionam em um ponto coberto. Deles, descem estudantes do colégio Miguel de Cervantes, de São Paulo, cujas mensalidades do ensino médio são em torno de 7 mil reais. Todos estão impecavelmente trajados — meninos de terno, gravata e sapato social, meninas de terninho ou vestido acompanhado de *blazer* ou casaco, como mandam as regras do tribunal. Eles são obedientes aos seus professores e permanecem próximos uns dos outros.

Na rampa de mármore que leva para a porta principal do Supremo, forma-se uma longa fila de pessoas para passar pelo raio-X, já dentro do prédio. Nela, há curiosos, estudantes de direito, advogados, os alunos paulistanos e, por fim, os índios. À esquerda de quem entra pela porta, há um quadro do pintor japonês Masanori Uragami, que mostra um bandeirante preso ao solo com garras. Atrás, índios atados são conduzidos, fazendo trabalho pesado. Ao lado, uma mulher indígena amamenta uma criança branca. O folder do STF distribuído aos turistas afirma que o propósito da obra é "traçar um paralelo entre as bandeiras de Fernão Dias Paes Leme, os desbravadores da Transamazônica e a fundação de Brasília".

A poucos passos do quadro, uma pequena exposição temporária mostra uma cadeira queimada, um vaso quebrado e várias fotos do plenário em ruínas. Um texto na parede explica o seu propósito: "O dia 8 de janeiro de 2023 ficará gravado na memória da nação. Naquele domingo, o edifício-sede do Supremo Tribunal Federal foi depredado por centenas de pessoas. As vidraças da fachada foram arrancadas, o prédio invadido e os ambientes totalmente destruídos. Mobiliários, itens de trabalho e objetos do acervo artístico e cultural foram saqueados e vandalizados. O país inteiro testemunhou a desordem que feriu a camada protetora de civilidade. A resposta da Suprema Corte, contudo, iniciada no dia seguinte ao episódio, pode ser resumida em duas palavras: paz e confiança". A placa segue falando da necessidade de ressignificar o "sombrio episódio do 8 de janeiro" para que esse dia não caia no esquecimento. E termina com uma justificativa: "Com a apresentação de símbolos da destruição, o projeto reafirma, de maneira definitiva, que a história da Suprema Corte é inquebrantável."

Uma vez dentro do prédio, os visitantes se sentam nas duas áreas que ficam à esquerda e à direita da Corte. O espaço do centro, que fica no topo da letra "U" formada pela mesa dos ministros, é reservado aos advogados que vão defender alguma causa. Aqueles que irão fazer uma sustentação oral, falando em um púlpito de madeira, vestem uma beca preta comprida e se destacam dos demais.

Nas duas laterais, o povo se senta sob os olhares de seis seguranças com ponto eletrônico no ouvido. Todos os que se acomodam são orientados a não falar no celular, não usar fone de ouvido, não tirar fotos ou vídeos durante a sessão e deixar o aparelho no mudo, para evitar qualquer barulho. Em tom de camaradagem, um segurança conta que, uma vez, uma jovem foi chamada a deixar o espaço porque produzia muito ruído digitando no teclado do seu notebook.

Na parede de trás da Corte, há um painel de Athos Bulcão, feito em mármore bege-bahia. No canto inferior direito de cada retângulo, há dois semicírculos em relevo, que indicam as três instâncias da Justiça no Brasil (o STF poderia ser corretamente considerado como a quarta). O propósito, segundo se aprende no tour aos turistas em outro horário, é significar a igualdade da Justiça, que atende a todos de maneira indistinta.

O relógio digital mostra duas da tarde, hora marcada para o início da sessão. Mas a única movimentação é a dos assistentes de plenário, que se sentam na primeira fileira das cadeiras laterais e andam apressados com olhar para o chão. Com salários de 18 mil reais[1], em média, esses empregados de luxo usam um pano preto pendurado na metade das costas. Daí serem apelidados de "capinhas". Sem uma formação específica, eles foram escolhidos por serem de confiança dos ministros. Com esse único atributo, eles ganharam o direito de fazer parte da elite do funcionalismo público, na capital mais desigual do Brasil. Dentro do plenário, fazem de tudo. Depositam os porta-lápis, copos de água e pilhas de folhas de sulfite impressas nas mesas dos ministros e na bancada que fica em volta. Um desses maços de folhas traz o nome de um escritório de advocacia na capa.

Das poltronas, os índios conversam em uma língua do tronco Jê. Há dezenove kayapós, seis panarás e nove mundurucus. Alguns viajaram por três horas de lancha voadeira, percorreram 280 quilômetros de estrada de terra, depois mais seis horas de barco, para pegar um ônibus em Novo Progresso, de onde partiram para mais quarenta e quatro horas de ônibus até Brasília. Os cocares feitos com penas de arara em diversas cores indicam a família, a aldeia ou o grau de hierarquia do seu dono. Alguns receberam o adorno colorido como herança de alguém que morreu. Todos são autoridades em suas respectivas aldeias. Eles foram até a capital do Brasil para acompanhar o julgamento de uma Ação Direta de Inconstitucionalidade (ADI), sobre a redução da área do Parque Nacional do Jamanxim, para a construção da estrada de trem Ferrogrão. "Quando é para a luta, todos se dispõem a vir", diz o presidente da tribo kayapó, Doto Takak Ire, que veste *blazer* azul, calça jeans e tênis. "Para a gente, o STF tem muita importância. O presidente e o Congresso podem inventar leis inconstitucionais, mas aí a coisa para aqui no STF." O advogado dos índios passa à frente das fileiras e cumprimenta todos pelo nome, embora não fale o idioma das tribos. Para passar o tempo, os índios conversam entre si e mexem em seus celulares. Doto gosta principalmente de lutas de vale-tudo.

Na porta que fica do lado oposto à entrada do público, alguns ministros chegam em carros blindados. O espaço por onde eles caminham está demarcado por organizadores de filas, e não há como contorná-los. Outros ministros atravessam por um túnel com carpete vermelho e quadros com vários rostos estampados das turmas anteriores do Supremo. Sem utilidade alguma, as montagens de fotos só servem para afagar o ego dos retratados. Ao final da passagem, eles entram em um elevador privativo, sem qualquer placa indicando que só ministros podem usá-lo. A discriminação é velada. Quem se aventura a entrar no elevador é imediatamente repreendido por um segurança, sempre postado ao lado da porta.

Com meia hora de atraso, uma campainha toca e os seguranças fazem um sinal com a mão pedindo para que todos se levantem. Eles percorrem afoitos os corredores para garantir que todos entenderam a ordem. Ninguém escapa da deferência obrigatória. Os capinhas sobem no tablado e se posicionam atrás das poltronas de couro caramelo. Um a um, os ministros surgem pela porta de um dos lados do tribunal, como se saíssem das coxias de um teatro. A primeira na fila é a presidente do STF, ministra Rosa Weber, que surge com um bóton amarelo escrito "STF: democracia inabalada", vendido por 5 reais na livraria do Supremo. Os capinhas puxam as poltronas e as empurram, para que os ministros possam se sentar. Apenas o ministro Alexandre de Moraes dispensa o mimo. Todos têm direito a um capinha, incluindo o representante do Ministério Público (naquele dia, o procurador-geral da República Augusto Aras).

NO PLENÁRIO

Quem inicia a sessão ao microfone é Rosa Weber, a presidente do STF. Ela faz menção aos estudantes do ensino médio do colégio Miguel de Cervantes. "Não sei em que ponto do plenário eles se encontram. Sejam todos muito bem-vindos", diz Rosa. Nenhuma citação é feita aos índios presentes. Os ministros então começam uma longa digressão, em que cada um dá a sua versão sobre quantos anos e meses de cadeia o ex-presidente Fernando Collor de Mello deveria enfrentar. A condenação do político já estava decidida, mas faltava estabelecer quanto tempo ele e mais dois envolvidos ficariam na prisão. Uma decisão que os ministros bem poderiam ter tomado em uma reunião de vinte minutos toma várias horas, com vários deles explicando as razões para cada prazo, para cada um dos crimes, para cada um dos condenados. O ministro Gilmar Mendes anuncia que iria simplificar o voto, embora me "encanta ouvir a minha própria voz". O ministro Luís Roberto Barroso comenta: "Não é algo incomum na comunidade jurídica".

A sessão delongada entedia a todos. Aos poucos, em pequenos grupos, os estudantes deixam o prédio, silenciosamente. Doto, o kayapó, não resiste e pega no sono. Imediatamente, um dos seguranças avisa outro funcionário que cutuca o índio e o manda sair do recinto. Não é permitido dormir no plenário. Tudo o que acontece no espaço reservado ao público não é capturado pelas câmeras da TV Justiça, penduradas no teto. O vídeo transmitido no YouTube só mostra os ministros, e as imagens são traduzidas para que possam ser compreendidas pelos cegos: "A ministra Rosa Weber tem pele branca, cabelos loiríssimos, lisos e curtos. Usa óculos de armação clara. Veste um terno preto sobre blusa preta e um lenço estampado com cores fortes ao redor do pescoço." Quatro dias depois, o vídeo da sessão tinha obtido quatrocentas e quarenta e uma visualizações, sendo que dezoito pessoas apertaram no botão "Gostei".

Enquanto o público se entedia, os capinhas veem fotos e vídeos nas redes sociais e escutam áudios dos grupos de família do WhatsApp. Eles não tiram os olhos das telas, porque é por ali que eles se comunicam com os ministros, que ficam a uma distância de 2 metros. Em um dado momento, Gilmar Mendes envia uma mensagem para o seu capinha, que corre para digitar a senha no notebook, ao alcance do braço do ministro. Outro pega a xícara de café que um garçom traz, caminha 3 metros e a deposita na mesa do seu magistrado. O procurador-geral da República, Augusto Aras, mantém atuação discreta e não abre a boca durante a sessão. Os votos de todos os ministros são lidos, e ninguém muda de opinião nos debates. É tudo mera formalidade. Como o tempo se delonga, Rosa Weber interrompe a sessão para um breve intervalo.

Novamente, todos na plateia são obrigados a se erguer para que as celebridades saiam. No intervalo, capinhas aproveitam para trocar os copos de água cheios de alguns ministros por outros, igualmente cheios de água. Alguns depositam uma folha de guardanapo em cima do copo. Outros abaixam a tela dos notebooks dos ministros. Trata-se de uma precaução extra, uma vez que uma película impede que a plateia veja o que eles estão escrevendo e lendo.

Mais de meia hora se passa e as excelências retornam, repetindo todos os rituais. O público é obrigado a ficar de pé e os togados entram em fila. Devidamente sentados, com a ajuda dos seus capinhas, ministros trocam mensagens entre si pelo celular e fazem gestos para saber se o outro entendeu a mensagem. Desentendimentos na dosimetria da pena de Fernando Collor impedem que quem assista saiba qual foi o resultado final. De supetão, Rosa Weber encerra o julgamento. "Senhores ministros, são dezoito horas e sete minutos. Só me resta agradecer a presença de todos, senhores advogados, que pacientemente ao longo do julgamento nos assistiram porque realmente é uma questão complexa. Ação penal sempre envolve um tempo a mais. Agradeço a presença de todos os presentes." Rosa não dá qualquer palavra sobre os outros temas que estavam na agenda para ser debatidos, como a redução da reserva dos indígenas. Os seguranças mandam que todos se levantem novamente, uma última vez, para acompanhar a saída dos magistrados.

NO PLENÁRIO

Os ministros saem aos poucos, mas Rosa Weber e Alexandre de Moraes permanecem no plenário conversando. Apenas os dois falam baixinho. Os índios do Pará, os advogados que vestem uma beca preta comprida e todos os demais ficam imóveis, de pé, olhando para os dois ministros conversando. Por mais de cinco minutos, ninguém se senta. Ninguém fala. Todos os olhos perplexos se voltam aos dois ministros, indiferentes à realidade que os cerca. Sem qualquer pressa, eles também vão embora.

"Além de não decidir, não nos serviram café", diz um dos índios ao advogado Melillo Dinis, que tinha se preparado para defender os indígenas. "Isso causa muita indignação. É a terceira vez que eles vêm até Brasília e nada é decidido", diz Melillo.

No dia seguinte, quinta-feira, 1º de junho, a sessão começa com o atraso de costume, em torno de meia hora. Rosa Weber anuncia que, por ocasião da visita do presidente da Finlândia, haverá um intervalo de trinta minutos. Perto das quatro horas da tarde, ela e Aras recebem o chefe de Estado estrangeiro e sobem a escada para conversar no Salão Nobre. O intervalo, contudo, demora uma hora e meia — três vezes mais que o anunciado. Quando ela e Aras caminham pela lateral do plenário após o fim da recepção, para se encontrar com os demais ministros em outro salão antes de reiniciar a sessão, os seguranças ordenam que as pessoas sentadas no auditório se levantem. Como eles passam caminhando rapidamente, pelo corredor lateral, todos ficam menos de um minuto em pé. Os que demoraram mais para entender o que estava acontecendo permanecem poucos segundos erguidos. A cena chega a ser cômica, como no final de uma dança das cadeiras. Os ministros retornam às cinco e vinte e seis da tarde, mas ficam pouco. Antes das seis horas, Rosa anuncia que o tempo está se esgotando. Estender as sessões para concluir as tarefas do dia é impensável.

Novamente, a sessão acaba e os demais temas que estavam na pauta vão para o limbo. Não há um novo agendamento. Ao final, os ministros Alexandre de Moraes, Luís Roberto Barroso e Gilmar Mendes conversam entre si. Desta vez, as pessoas ficam em silêncio, de pé, por dez minutos, esperando que eles saiam. Sem qualquer esforço extra, é possível ouvir os ministros falando sobre lobbies no Congresso, multas milionárias e as ações do presidente do Senado, Rodrigo Pacheco. Com os magistrados recolhidos novamente para a parte de trás do plenário, todos os que assistiam podem, finalmente, conversar, sentar ou sair.

Como não há sessões às sextas, a semana de trabalho do tribunal mais importante do Brasil chegava ao fim. A história da Suprema Corte, como diz a mensagem na exposição sobre os Atos de 8 de janeiro, seguia "inquebrantável". A democracia, segundo a frase no bóton de Rosa Weber, permanecia "inabalada". Até o envio deste livro para publicação, em março de 2024, Fernando Collor ainda não tinha sido preso.

SEPARAÇÃO DE PODERES

O MARECHAL DEODORO DA FONSECA, veterano da Guerra do Paraguai, nunca foi um entusiasta dos ideais republicanos. Em carta que enviou para um sobrinho em 1888, ele escreveu: "Não te metas em questões republicanas, porquanto República no Brasil e desgraça completa é a mesma coisa; os brasileiros nunca se prepararão para isso, porque sempre lhes faltarão educação e respeito[1]". Com arteriosclerose, dificuldade de respirar e já contando sessenta e dois anos, Deodoro foi o escolhido pelos militares e civis que defendiam uma mudança na política para comandar um golpe de Estado, em 15 de novembro de 1889, no Rio de Janeiro. O imperador D. Pedro II foi deposto e sua família banida para a Europa. Teve início, então, um governo provisório, que adotou a República como sistema de governo.

Mas a índole autoritária do militar Deodoro acabou virando um empecilho na hora de governar para uma elite que criticava a concentração de poder e pedia maior participação. Diversos conflitos surgiriam dessa tensão. Em janeiro do ano seguinte, Deodoro foi aclamado "generalíssimo de terra e mar", o chefe absoluto das Forças Armadas nacionais. Tornou-se, assim, o único oficial-general de seis estrelas na história do país. Foi com esse título inédito que ele assinou o decreto que criou o Supremo Tribunal Federal, em 11 de outubro de 1890.

"A Justiça Federal será exercida por um Supremo Tribunal Federal e por juízes inferiores intitulados — juízes de secção", diz o primeiro artigo.

STF - COMO CHEGAMOS ATÉ AQUI?

Os escolhidos ocupariam seus cargos por toda a vida e não poderiam ser removidos de seus postos, a menos que fosse emitida uma sentença por um tribunal competente e com todos os recursos de apelação respeitados. Ao desempenhar sua missão, o STF não poderia tomar a iniciativa e se meter em assuntos que não lhe diziam respeito: "Na guarda e aplicação da Constituição e das leis nacionais, a magistratura federal só intervirá em espécie e por provocação de parte". A nomeação dos juízes caberia ao presidente da República, mas teria de ser aprovada pelo Senado.

Com pequenas mudanças e acréscimos, essas normas sobre o funcionamento do STF resistiram até os dias de hoje. Os ministros (apesar de juízes na prática, os membros do STF são tradicionalmente chamados de ministros) têm vitaliciedade, o que na prática significa se aposentar aos setenta e cinco anos. A Constituição também garante a eles em seu artigo 95 a inamovibilidade, o que impede que eles sejam afastados.

Uma diferença para os dias atuais aparece quando o decreto do generalíssimo Deodoro fala dos funcionários que ficariam ao dispor dos ministros. "Para o serviço da secretaria do Supremo Tribunal haverá um secretário, dois oficiais, três amanuenses, dois contínuos e um porteiro." O amanuense, no caso, referia-se à pessoa que escrevia à mão, fazia cópias, registros e cuidava da correspondência. No total, seriam nove trabalhadores — uma fração ínfima dos 1.182 empregados da Corte na atualidade[2].

Mas a principal curiosidade do decreto de Deodoro está lá no seu final, no segundo parágrafo do penúltimo artigo, o 386: "Os estatutos dos povos cultos e especialmente que regem as relações jurídicas na República dos Estados Unidos da América do Norte, os casos de *common law* e *equity*, serão também subsidiários da jurisprudência e processo federal."

É uma frase surpreendente, porque foi escrita justamente no momento em que os brasileiros estavam buscando forjar uma nova identidade, após o fim da monarquia. As frases, elaboradas pelo secretário de Justiça Campos Salles, um campineiro que depois se tornaria presidente, afirmam que caso o decreto não desse conta de tudo, seria possível tomar algo

SEPARAÇÃO DE PODERES

emprestado da doutrina e da jurisprudência americana. Para formar o novo Brasil, os republicanos estavam livremente se inspirando nas instituições que os americanos tinham criado um século antes.

Esse fascínio que havia entre os fundadores da nossa República é pouco comentado atualmente, até porque muitos brasileiros ainda nutrem um antiamericanismo pueril. Mas não há como entender as razões que orientaram a criação do STF sem considerar a admiração pelos Estados Unidos que existia no fim do século 19 e início do século 20. Esse interesse se manifestou em diversos momentos. Em novembro de 1890, semanas após a expulsão da família real para a Europa, o *Diário Oficial* publicou, em capítulos, a Constituição americana. No ano seguinte, uma nova Constituição batizou oficialmente o país como "República dos Estados Unidos do Brasil". De maneira reveladora, um dos vitrais do prédio em que o STF funcionou de 1909 a 1960, na Avenida Rio Branco, no centro do Rio de Janeiro, traz a frase "Estados Unidos no Brasil", logo abaixo do brasão da República. A mudança da preposição "do" para "no", voluntária ou não, indicava que o desejo era realmente fazer do Brasil uma réplica dos Estados Unidos.

O deslumbramento que havia entre republicanos brasileiros como Rui Barbosa e Campos Salles era compartilhado com políticos liberais de outros países da América Latina, que nessa época eram chamados de progressistas. "Pelo menos três gerações de latino-americanos liberais tinham adotado os Estados Unidos como um modelo. Eles estavam ansiosos para criar uma república secular e constitucional, distinta e oposta à monarquia absoluta católica", escreve o mexicano Enrique Krause, no livro *Os Redentores*[3].

Nessas décadas, os Estados Unidos ainda não eram demonizados na América Latina, pois esse processo só teria início com a vitória americana na guerra contra a Espanha, em 1898. O desfecho desse conflito fez com que Cuba, as Filipinas e as ilhas Guam, no Pacífico, se tornassem propriedade dos Estados Unidos. Foi a primeira sinalização de que os

Estados Unidos poderiam desenvolver um pendor imperialista. A vitória bélica não provocou uma ruptura imediata no pensamento latino-americano, mas deu início a uma aversão que se desenvolveu aos poucos, principalmente na Argentina e no Uruguai, países em que a influência francesa era mais presente[4].

No Brasil, pequenos grupos de intelectuais começaram a admirar os Estados Unidos logo após a independência do país, em 1776. Um dos livros confiscados com os inconfidentes mineiros, que queriam romper as relações com a metrópole portuguesa, foi o *Recueil des Loix constitutives des Colonies Angloises, Confédérées sous la dénomination d'États-Units de l'Amérique-septentrionale*, de 1778. Tratava-se de um compilado, que incluía a Declaração de Independência americana, do dia 4 de julho. Escrito em francês com o apoio de Benjamin Franklin, um dos pais fundadores dos Estados Unidos, a obra tinha o objetivo de angariar apoio ao novo país entre os franceses. Como seu formato era pequeno, o livro podia ser carregado em bolsas sem despertar atenção, o que era providencial em países onde sua circulação era proibida, como o Brasil. Batizada depois como o "Livro de Tiradentes", a obra está hoje exposta no Museu da Inconfidência, em Ouro Preto.

Para Tiradentes e seus colegas de Minas, o *Recueil* era revolucionário, pois derrubava a ideia de que a autoridade do rei tem origem divina. Nos Estados Unidos, era o povo que, organizado, criava as próprias regras e definia como gostaria de ser governado, com base em seus próprios valores. Como todos os cidadãos tinham direitos naturais, ou "autoevidentes", não se permitiria mais que um monarca determinasse o destino dos demais a seu bel-prazer. Muito mais do que romper com a metrópole inglesa, os colonos americanos estabeleceram uma nova maneira de organizar a sociedade. Diz a Declaração de Independência americana: "Quando, no curso dos acontecimentos humanos, se torna necessário a um povo dissolver os laços políticos que o ligavam a outro, e assumir, entre os poderes da Terra, posição igual e separada, a que lhe dão direito as leis da natureza e as

SEPARAÇÃO DE PODERES

do Deus da natureza, o respeito digno para com as opiniões dos homens exige que se declarem as causas que os levam a essa separação. Consideramos estas verdades como evidentes por si mesmas, que todos os homens são criados iguais, dotados pelo Criador de certos direitos inalienáveis, que entre estes estão a vida, a liberdade e a procura da felicidade. Que a fim de assegurar esses direitos, governos são instituídos entre os homens, derivando seus justos poderes do consentimento dos governados; que, sempre que qualquer forma de governo se torne destrutiva de tais fins, cabe ao povo o direito de alterá-la ou aboli-la e instituir novo governo, baseando-o em tais princípios e organizando-lhe os poderes pela forma que lhe pareça mais conveniente para realizar-lhe a segurança e a felicidade."

Os inconfidentes mineiros, assim, tiveram acesso às declarações e às constituições regionais que precederam a Constituição americana, embora vivessem sob o domínio da rainha portuguesa Maria I, aquela que atracaria nos portos brasileiros com o filho D. João VI, em 1808. O mundo em que eles viviam era quase totalmente governado por monarcas, imperadores e sultões. Os Estados Unidos eram uma exceção tentadora.

As crenças iluministas da época da independência americana ainda embutiam outros conceitos, como o de que o potencial de um povo só poderia florescer se não fosse subjugado pelas instituições. Nesse ponto, os colonos americanos, que até bem pouco tempo eram ingleses, vinham de uma longa tradição de impor limites aos demais poderes, com a Magna Carta e a Revolução Gloriosa. Em 1215, os nobres ingleses obrigaram o rei João Sem-Terra a assinar um documento em que ele se comprometia a respeitar a Igreja, não prender seus súditos sem motivo ou expropriar seus bens. Conhecida como Magna Carta, esse documento foi a primeira vez na história em que um monarca teve de se submeter a uma legislação, abrindo mão de seu poder absoluto. Em 1688, foi necessário conter o rei Jaime II, que estava abusando de seus poderes. Com seu afastamento, na Revolução Gloriosa, os ingleses evitaram que a Constituição estabelecida fosse destruída[5] e reforçaram a monarquia parlamentar.

Quando os colonos das Américas reclamaram a sua independência, havia um descontentamento tanto com o rei George III, que suspendeu liberdades e privilégios, como com o Parlamento em Londres, que se dispunha a aprovar qualquer lei que seus membros julgassem convenientes. As ameaças autoritárias vinham tanto do Executivo como do Legislativo. Para os que estavam do lado de cá do Atlântico, o poder ilimitado da maioria legislativa era arbitrário e contrário à liberdade do indivíduo. A preocupação maior era que esse Parlamento, em que os colonos americanos não estavam representados, criasse impostos de maneira descontrolada (daí o bordão *"no taxation without representation"*)[6].

Era preciso, portanto, que houvesse um equilíbrio entre os Poderes, algo que os colonos já estavam colocando em prática, no nível regional. Em legislações locais, como o Pacto de Mayflower e estatutos coloniais, já se falava da necessidade de um governo "de leis, e não de homens". Também se definiam os direitos dos cidadãos e se proibia que as leis aprovadas tivessem efeito retroativo. A Constituição americana, que viria em 1787, onze anos depois da Declaração de Independência, veio a reforçar esses valores.

A Constituição americana não fala explicitamente da separação entre os Três Poderes. Essa doutrina se consolidou porque os homens que a escreveram fizeram uma clara distinção entre Executivo, Legislativo e Judiciário. No texto final, eles instituíram diversas regras para que os braços de poder atuassem de maneira independente e fossem capazes de se regularem, impedindo que um deles assumisse muito protagonismo. A premissa era que um poder só poderia ser contido pelos demais. Ou, nas palavras do francês Montesquieu (1689 a 1755), no capítulo que fala sobre liberdade em *O Espírito das Leis*: "A liberdade política encontra-se somente nos governos moderados. Mas nem sempre está nos Estados moderados; ela existe somente quando não se abusa do poder. Mas constitui experiência eterna o fato de todo homem que detém poder ser levado a dele abusar; avança até onde encontra limites. Quem o diria? A própria virtude tem

SEPARAÇÃO DE PODERES

necessidade de limites. Para que não se possa abusar do poder, é preciso que, pela disposição das coisas, o poder freie o poder.[7] [8]

Sendo assim, a Constituição americana estabelece que, do topo do Executivo, o presidente poderia vetar uma lei do Congresso. Mas os parlamentares poderiam cancelar o veto, caso conseguissem uma maioria de dois terços nas duas casas legislativas: Câmara dos Representantes e Senado. Eles também poderiam afastar o presidente do cargo, se julgassem necessário.

Outra criação da Constituição americana foi a Suprema Corte. Inicialmente, cabia a esse tribunal um papel reduzido, o de julgar autoridades estrangeiras. O que delimitou sua atuação foram as decisões da própria instituição, que tinha sido recém-criada. Um caso específico foi paradigmático, ao criar o modelo que perdura até hoje. Em 1801, o presidente John Adams nomeou William Marbury, um homem de negócios ligado ao Partido Federalista, para a Suprema Corte. Era o seu último dia de mandato. O plano foi frustrado com a posse de um presidente democrata-republicano, Thomas Jefferson. Rival dos federalistas, Jefferson ignorou a nomeação de Marbury. Preterido, o empresário pediu que a Suprema Corte emitisse um mandado de segurança exigindo que o secretário de Estado, John Madison, desse seguimento a seu processo. A situação criada era delicadíssima porque, caso o Judiciário ordenasse que Madison ajudasse Marbury, havia um sério risco de a ordem não ser cumprida. A crise entre os poderes se estendeu até 1803, quando finalmente o presidente da Suprema Corte, John Marshall, anunciou a decisão do tribunal.

A Suprema Corte reconheceu que o novo presidente, Thomas Jefferson, não tinha o direito de negar a posse de Marbury. O litigante, pois, tinha toda razão em reclamar. Porém, o tribunal recusou-se a emitir um mandado de segurança, afirmando que isso extrapolaria as suas funções, tal como descritas na Constituição. Uma lei aprovada pelo Parlamento, o Judiciary Act, de 1789, até permitiria que isso fosse feito. Contudo, a Suprema Corte afirmou que a lei não estava de acordo com a Constituição, e por isso não deveria ser aplicada. Bingo! Em uma única decisão, a

Suprema Corte instituiu que a Constituição estava acima das demais leis e que caberia à Corte dizer se as leis deveriam ser aplicadas ou não, sem avançar sobre os demais poderes. "Até então, não estava escrito em nenhum lugar que a Constituição era superior às demais normas. A tradição jurídica era de que lei posterior revoga lei anterior", escreve Oscar Vilhena Vieira no livro *Supremo Tribunal Federal: jurisprudência política*.[9]

Com suas incumbências definidas, a Suprema Corte americana desempenhou um papel fundamental na democracia, servindo de inspiração para vários países. Ao dizer quais leis são constitucionais e quais não o são, o tribunal se consolidou como um anteparo aos congressistas. Como pode acontecer de eles criarem leis que afetam negativamente uma parte da população, cabe à Suprema Corte dar um basta. É o que se conhece como poder contramajoritário.

Tanto o Legislativo quanto o Executivo são compostos por políticos que integram partidos e seguem as ideias e os valores de uma parte da sociedade (a palavra "partido" vem do latim *pars, partis*, que significa a parte, o fragmento, o pedaço[10]). Uma vez eleitos, os políticos precisam lidar com os problemas antigos e com os novos, que aparecem durante o mandato. Ainda que, em tese, defendam a nação como um todo em seus discursos empolados, é certo que eles tentarão agradar aos grupos a que pertencem e que lhe dão sustentação, como os partidos, sindicatos, classes sociais ou igrejas. Eles têm liberdade para tomar decisões seguindo critérios próprios, que podem ser religiosos, ideológicos ou morais. Podem se basear em cálculos sobre a eficiência das medidas, suas consequências econômicas ou apenas buscar atender aos anseios dos seus eleitores. O perigo, então, é que eles tomem iniciativas que afetem negativamente a parcela menor da população que não conseguiu eleger o seu presidente ou a maioria no Congresso. Um dos exemplos mais abjetos do perigo das maiorias é a prisão e morte de judeus, ciganos e gays pelo governo nazista, que recebeu o apoio da maioria da população alemã em seguidas eleições e dois referendos.

SEPARAÇÃO DE PODERES

É para evitar que as minorias sejam prejudicadas que existe o poder contramajoritário. Uma vez que os ministros da Suprema Corte não são políticos e, portanto, são imparciais, cabe a eles consultar a Constituição e impedir que políticas e leis perigosas para uma parte da sociedade sejam implementadas. Eles não devem se basear em suas opiniões, ideologias ou cálculos econômicos, mas apenas no que diz a lei, a Constituição. Se uma política ou lei não atingir os objetivos pretendidos, isso não é problema dos ministros da Suprema Corte, e sim dos políticos, que terão mais dificuldades de se eleger no próximo pleito e poderão ser substituídos pelos eleitores. No Judiciário, essa troca quando algo fracassa não ocorre, porque o trabalho deles se restringe a dizer o que está ou não de acordo com a Constituição. E, como já foi citado, eles são vitalícios e inamovíveis nos seus cargos.

Em um mundo em que a comunicação era lenta, os brasileiros acompanharam os desenvolvimentos nos Estados Unidos com semanas ou meses de atraso. Após a prisão e a expulsão dos inconfidentes, o Brasil teve de adiar o sonho de uma república com separação de poderes. Tiradentes foi morto antes da decisão emblemática de John Marshall que definiu o papel da Suprema Corte. Ao longo do século 19, enquanto as antigas colônias espanholas ao redor se tornaram repúblicas, o Brasil conquistou sua independência de Portugal, mas seguiu sendo uma monarquia com D. Pedro e, mais tarde, com seu filho D. Pedro II. O país passou a ser visto como uma ilha de estabilidade pelos vizinhos da América Latina, pois realizou grandes mudanças sem muita violência. Ao mesmo tempo, também era desdenhado pelo atraso representado pela monarquia e pela aristocracia, que se deleitava comprando títulos de barões, viscondes e condes.

A primeira Constituição do Brasil independente, proclamada por D. Pedro em 1824, não garantia a separação de poderes. Ainda que falasse em Executivo, Legislativo e Judiciário, o texto estabelecia o Poder Moderador, que ficava acima desses três e estava nas mãos do imperador. De posse desse privilégio, o monarca podia dissolver o Parlamento e convocar novas eleições quando quisesse. Era ele também quem escolhia os ministros do governo. O imperador ainda podia anular sentenças dadas pelo Judiciário "perdoando e moderando as penas impostas aos réus condenados por sentença, concedendo anistia, em caso urgente, e que assim aconselhem a humanidade, e bem do Estado", dizia a Constituição[11].

No Segundo Reinado, que começou em 1840, D. Pedro II fez pouco uso do Poder Moderador. Mesmo assim, a existência desse recurso foi um dos principais motivos dos ataques que ele sofreu de jornalistas, intelectuais e políticos. "Quando um governo caía, a culpa era sempre jogada no imperador, embora nem sempre ele tivesse algo a ver com isso", diz o cientista político Sérgio Ferraz, em sua tese de doutorado "O império revisitado: instabilidade ministerial, Câmara dos Deputados e poder moderador, 1840-1889". "Na maior parte das vezes, os gabinetes caíam por causa das disputas entre os partidos ou entre suas alas internas." D. Pedro II, contudo, levava sempre a culpa, deixando os fazendeiros de café paulistas e os militares ainda mais insatisfeitos com o governo sediado no Rio de Janeiro.

Em meio a essa crise, em julho de 1889, D. Pedro II enviou dois representantes para cumprir uma missão oficial nos Estados Unidos. "Estudem com todo o cuidado a organização do Supremo Tribunal de Justiça de Washington. Creio que nas funções da Corte Suprema está o segredo do bom funcionamento da Constituição americana. Quando voltarem, haveremos de ter uma conferência a esse respeito. Entre nós as coisas não vão bem, e parece-me que se pudéssemos criar aqui um tribunal igual ao norte-americano, e transferir para ele as atribuições do Poder Moderador da nossa Constituição, ficaria essa melhor. Deem toda a atenção a esse ponto", disse o imperador[12]. A atitude evidenciava duas coisas. A primeira, que o imperador reconhecia que as coisas não iam bem no Brasil. A segunda, que, na opinião dele, importar o modelo da Suprema Corte americana poderia ser uma possível solução para os problemas nacionais. Com o fim da monarquia, quatro meses depois, sua ordem para que seus subordinados viajassem para os Estados Unidos caiu no vazio.

SEPARAÇÃO DE PODERES

Quando, finalmente, os conceitos americanos foram aplicados no Brasil, com o decreto de 1890 e a primeira Constituição republicana, já se passara mais de um século da aprovação da Carta americana. Mesmo assim, o atraso não arrefeceu a admiração que existia aos Estados Unidos. O advogado e jornalista Rui Barbosa, um dos que elaboraram a Carta brasileira, admitiu de forma transparente o intuito de copiar os americanos ao criar o Supremo Tribunal Federal. Mais do que isso. Ele acreditava que os brasileiros tinham elaborado uma Constituição ainda melhor, porque dispunha de mais ferramentas para gerir os atritos entre os poderes. "A Constituição brasileira de 1891, armando a Justiça Federal da mesma autoridade em que a investe a Constituição dos Estados Unidos, a dotou de garantias ainda mais numerosas e cabais, para arrostar as facções acasteladas no Executivo e no Congresso Nacional", escreveu Rui Barbosa no artigo *O Supremo Tribunal Federal na Constituição Brasileira*[13]. O Brasil, segundo ele, teria criado uma "justiça entrincheirada solidariamente nas prerrogativas da justiça americana".

Mas a Constituição brasileira e o seu guardião, o STF, não garantiram ao país o mesmo sucesso que se verificou nos Estados Unidos. Enquanto os americanos viveram por todo esse tempo em uma democracia ininterrupta, com a Suprema Corte sendo admirada pela maioria da população, os brasileiros atravessaram três ditaduras, em que o Executivo constantemente atropelou o Legislativo e o Judiciário. A primeira ditadura começou ainda em novembro de 1891, quando o "generalíssimo" Deodoro fechou o Congresso. A segunda veio em 1937 com o Estado Novo de Getúlio Vargas, que desprezou a Corte[14]. A terceira ditadura começou em 1964, e cassou três ministros do Supremo. Tantas reviravoltas fizeram com que o Brasil tivesse sete constituições (1824, 1891, 1934, 1937, 1946, 1967 e 1988) no período em que os Estados Unidos tiveram apenas uma, a primeira. E continuam com ela.

Foi nos intervalos democráticos que a separação entre os poderes prosperou. Com o retorno da democracia, em 1945, essa abstração foi refletida na construção de Brasília. O prédio do STF foi projetado por Lucio Costa para ficar no vértice de um triângulo equilátero imaginário, com o Palácio do Planalto, sede do Executivo, e o Congresso nas demais pontas. A Praça dos Três Poderes, que surgiu no espaço entre eles, foi planejada sem construções ou árvores frondosas, para que os edifícios ficassem constantemente à vista dos demais.

A Constituição atual foi elaborada ao longo de vinte meses por uma Assembleia Nacional Constituinte, após a restauração da democracia. Em 1988, quando os duzentos e cinquenta artigos foram aprovados, a separação de poderes aparecia consolidada logo no segundo: "São Poderes da União, independentes e harmônicos entre si, o Legislativo, o Executivo e o Judiciário." Aclamada como a "Constituição Cidadã", que garantiu vários direitos aos brasileiros após duas décadas de repressão militar, a Carta criou sementes que gerariam novos problemas, ao longo das décadas seguintes.

O novo desenho permitiu o fortalecimento do Judiciário, que avançou sobre os terrenos dos outros dois poderes e rompeu a harmonia e a independência entre eles. Esse fenômeno, que costuma ser descrito pela imprensa como "ativismo judicial", já foi diagnosticado por advogados e acadêmicos. Os advogados Hélio Bicudo e Roberto Delmanto já falaram em uma "ditadura do Judiciário". Em 2008, o professor da Fundação Getúlio Vargas Oscar Vilhena Vieira cunhou o termo "supremocracia". Rubens Glezer, professor da mesma instituição, chamou de "catimba constitucional" os atos realizados de acordo com a lei, mas que interferem nos outros poderes. Diego Arguelhes Werneck e Leandro Ribeiro cunharam o termo "ministocracia", em referência ao poder individual dos ministros do STF.[15] [16]

E até as "vossas excelências" (expressão que segundo o regulamento interno deve ser usada ao se referir aos ministros) confirmaram essa realidade. O ministro do STF Luís Roberto Barroso falou em "neoconstitucionalismo", o qual incluiria a "expansão da jurisdição constitucional". Em um artigo[17], ele escreveu: "Uma das instigantes novidades do Brasil nos últimos anos foi a virtuosa ascensão institucional do Poder Judiciário. Recuperadas as liberdades democráticas e as garantias da magistratura, juízes e tribunais deixaram de ser um departamento técnico especializado e passaram a desempenhar um papel político, dividindo espaço com o Legislativo e Executivo. Tal circunstância acarretou uma modificação substantiva na relação da sociedade com as instituições judiciais, impondo reformas estruturais e suscitando questões complexas acerca da extensão de seus poderes.[18]" Em 2021, seu colega de STF José Antonio Dias Toffoli afirmou em uma palestra que o Brasil vive um semipresidencialismo com controle do Poder Moderador, o qual seria exercido pelo STF. Entende-se dessa afirmação que o tribunal teria ocupado o lugar que era do imperador, ganhando autoridade para interferir amplamente nos demais Poderes. Essas declarações de Barroso e Toffoli não têm parentesco com a tradição iniciada pela Suprema Corte americana. Em todas essas acepções, há um denominador comum: o avanço do STF sobre o Executivo e o Legislativo.

A contribuição que a Constituição de 1988 deu para que esse cenário fosse montado se deu de várias maneiras. A principal delas é que a Carta ampliou a quantidade de instituições que podem perguntar ao STF se uma lei é ou não constitucional. Até então, esse papel só podia ser desempenhado pelo procurador-geral da República, que integra o Ministério Público. A partir de 1988, a lista de entidades aptas a entrar com uma Ação Direta de Inconstitucionalidade (ADI) ou uma Ação Declaratória de Constitucionalidade (ADC) cresceu muito. Há ainda a ADPF, Arguição de Descumprimento de Preceito Fundamental, usada para questionar a compatibilidade de uma lei anterior à Constituição de 1988 com o texto constitucional. Essas três modalidades cumprem a mesma função: permitir que o STF declare a constitucionalidade de uma lei.

Segundo o artigo 103 da Constituição, as ADIS e ADCs podem ser apresentadas pelo presidente da República, pela Mesa do Senado (o órgão responsável pela direção dos trabalhos legislativos e dos serviços administrativos), pela Mesa da Câmara dos Deputados, pelas Assembleias

Legislativas dos estados e do Distrito Federal, pelos governadores, pela Ordem dos Advogados do Brasil, por partidos políticos e pelos sindicatos.

Há ainda muitas outras maneiras de uma ação chegar ao Supremo. Autoridades com foro privilegiado são julgadas diretamente pelo STF quando são acusadas de um crime. Além disso, o STF funciona como a quarta instância judicial. Ações que foram julgadas em primeira instância por um juiz podem ser analisadas por um desembargador, em segunda instância, caso haja recurso. Daí, o caso ainda pode subir para o Supremo Tribunal de Justiça, a terceira instância. Se alguém considerar que houve desrespeito à Constituição em algum momento, essa pessoa pode interpor um recurso extraordinário e o caso ir parar na fila do Supremo Tribunal Federal. E existem ainda os *habeas corpus*, que ocorrem quando alguém com bons advogados sente que teve a sua liberdade de locomoção eliminada ou ameaçada injustamente.

Com essa ampliação do leque de litigantes, o STF passou a ser inundado por uma enxurrada de pedidos sobre diversos assuntos, sustentando posições que muitas vezes passam longe da Constituição. Tornou-se comum que partidos derrotados em votações no Legislativo ou em eleições recorram ao Judiciário, da mesma forma que os times de futebol entram no tapetão da Justiça para obter uma classificação nos campeonatos. Esse problema não existiria se o STF se negasse a julgar esses pedidos. Contudo, o desejo dos ministros de ganhar fama, a articulação dos interesses em Brasília, a tentação do uso do poder e a ausência de uma entidade fiscalizadora têm feito com que o tribunal se meta em inúmeras discussões, mesmo naquelas em que não há legislação a respeito.

Essas atitudes não predominaram nos primeiros anos de vigência da Constituição, mas passaram a ser mais vigorosas após os anos 2000. Foi no governo de Fernando Henrique Cardoso (1998-2002) que o Supremo passou a se imiscuir em questões como distribuição gratuita de medicamentos e direito à creche[19]. Depois de 2012, esse comportamento tornou-se a regra. Essas investidas sobre a política, que deveria ficar sob o

SEPARAÇÃO DE PODERES

comando dos representantes eleitos, suscitaram críticas ao STF, que passou a ser considerado como um tribunal partidarizado, politizado, que atua em defesa de um ou outro grupo. Ou dos próprios ministros. Uma pesquisa da AtlasIntel de fevereiro de 2024 apontou que 47,3% dos entrevistados acreditavam que o Brasil vive sob uma "ditadura do Judiciário". Só 20% discordavam.

AVANÇO NO LEGISLATIVO

Entre as decisões que mais causaram indignação estão aquelas em que o Supremo Tribunal Federal tomou para si as funções do Legislativo, às vezes anulando leis que tinham sido aprovadas por deputados e senadores. Foi o caso da discussão sobre as células-tronco, aquelas que podem ser retiradas de embriões e assumir a função de qualquer tecido do corpo humano.

Em março de 2005, o plenário da Câmara dos Deputados aprovou por ampla maioria, de 366 contra 59 votos, uma autorização para pesquisas com células-tronco obtidas de embriões inviáveis ou congelados há mais de três anos, produzidos para casais que fazem fertilização *in vitro*. O tema foi enxertado em um projeto de lei de biossegurança que versava sobre transgênicos e clonagem humana. Ao todo, duzentas e setenta e oito emendas foram apresentadas por deputados durante as discussões sobre células-tronco. Algumas eram de autoria dos congressistas. Outras, de instituições interessadas no assunto[20]. A questão também foi discutida no Senado, que realizou uma audiência pública, em que especialistas esclareceram as dúvidas dos parlamentares. Mais três emendas foram oferecidas. Ao final, institutos de pesquisa e a população comemoraram a aprovação da lei no Congresso (95% dos entrevistados pelo Ibope em 2008 diziam concordar totalmente ou parcialmente com a liberação das pesquisas com células-tronco).

Mas o trabalho do Congresso não foi reconhecido por todos. Dois meses depois, em maio, o procurador-geral da República, Cláudio Fonteles, enviou ao Supremo uma Ação Direta de Inconstitucionalidade. Foi uma ação voluntariosa da Procuradoria-Geral da República, a PGR. A instituição tem entre seus integrantes pessoas que não ganham comissões quando ganham causas. Eles não têm, assim, nada a perder ou a ganhar. A premissa é que, sem interesses financeiros, eles podem atuar segundo a própria consciência e, com isso, defender da melhor maneira possível os interesses da sociedade como um todo. Pois Fonteles enviou a ADI ao STF dizendo que a nova lei feita pelo Congresso não estaria observando o princípio da inviolabilidade do direito à vida, a qual teria início no momento da fecundação. O Supremo acatou a reclamação. Foram realizadas novas consultas com o público e o julgamento foi marcado para 2008. Os ministros do STF então tentaram fazer suas próprias leis sobre o assunto, propondo alterações na legislação anterior.

Em seu voto, o ministro do STF Ricardo Lewandowski disse que os embriões congelados poderiam ser objeto de pesquisa, desde que não tivessem o potencial de desenvolvimento comprometido. Extrapolando o assunto, o ministro Menezes Direito estabeleceu regras para a fertilização *in vitro*. Afirmou que a seleção de sexo ou características genéticas nesse procedimento deveria ser proibida, e que só poderiam ser produzidos até quatro óvulos por ciclo. Também disse que embriões não poderiam ser descartados e que tudo deveria ser "devidamente submetido ao controle e fiscalização do órgão federal". Menezes Direito não se deu conta de que já havia uma determinação para a criação do Conselho Nacional de Ética em Pesquisa, o Conep, hoje vinculado ao Ministério da Saúde. O ministro ainda se aventurou em criar um novo crime, sem qualquer consulta com o Legislativo. O delito em questão seria o "da autorização da utilização de embriões em desacordo com o que estabelece esta decisão".

A noção de que o STF deve ser o guardião da Constituição, interpretando o seu texto, foi solenemente ignorada. Em seu voto, o ministro Gilmar Mendes afirmou que a proteção ao direito fundamental da vida e da dignidade da pessoa humana deveria transcender os limites do jurídico,

SEPARAÇÃO DE PODERES

envolvendo a política, a moral e a religião. Vale tudo, portanto. "As cortes constitucionais, quando chamadas a decidir sobre tais controvérsias, têm exercido suas funções com exemplar desenvoltura, sem que isso tenha causado qualquer ruptura do ponto de vista institucional e democrático", disse Mendes.

O STF voltou a legislar em cima de uma lei que já tinha sido feita pelo Legislativo outras vezes (a repetição é proposital). Em 2023 os ministros do STF entenderam que era preciso mudar a Lei Antidrogas, elaborada pelo Congresso e aprovada em 2006. Eles insistiam que era preciso criar critérios objetivos para permitir distinguir se uma pessoa pega com drogas deveria ser considerada apenas como usuário ou como traficante. O ministro Luís Roberto Barroso propôs o limite de 25 gramas de maconha ou a plantação de até seis plantas fêmeas da espécie. Alexandre de Moraes foi mais generoso e falou em até 60 gramas de maconha. As medidas, porém, ignoravam que há diferentes tipos de maconha, e que 60 gramas em alguns casos seria muito além do que pode consumir uma pessoa. O presidente do Senado, Rodrigo Pacheco, reclamou, dizendo que o STF estaria invadindo a competência do Congresso. Ele se reuniu com o ministro Gilmar Mendes, o relator do caso. Ouviu então que a Corte estava apenas "tentando atualizar o sentido da própria norma de 2006". Não há nada na Constituição dizendo que o STF deve atualizar leis do Congresso.

Além de legislar o que já foi legislado, o STF também se arvora o papel de escrever leis quando o Congresso não faz a parte dele. A aprovação pelo plenário do Supremo Tribunal Federal das pesquisas com células-tronco, em 2005, levou o ministro Marco Aurélio Mello a entender que havia uma oportunidade para avançar em uma de suas causas preferidas o aborto. Antes disso, Mello já tinha tentado avançar em um projeto pessoal para liberar a prática do aborto em casos de anencefalia, sem sucesso. Desta vez, ao insistir e aproveitar a nova chance que aparecia, ele conseguiu o que queria, apesar de a maioria do Congresso e da população brasileira serem resistentes ao tema.

A primeira tentativa de mudar as regras do aborto pelo ministro Mello ocorreu em julho de 2004, quando ele emitiu uma liminar no último dia de trabalho do STF, antes das férias de meio do ano. Liminares são medidas tomadas durante um processo para resolver um problema urgente, que não pode esperar o veredicto final. Ao fazer isso no último dia letivo, Mello impediu que o plenário do STF, formado pelos onze membros, considerasse sua decisão. O texto provisório suspendeu todas as ações contra mulheres que haviam interrompido a gestação de bebês anencéfalos, sem cérebro. Sozinho, sem qualquer interferência do órgão incumbido de fazer as leis, Mello reconheceu o direito de todas elas abortarem. Quando o tribunal voltou aos trabalhos, o atrevimento de Mello foi cancelado pelo plenário e ele guardou o projeto na gaveta.

Com a liberação das pesquisas com células-tronco, a chance ressurgiu. Mello tirou da gaveta uma Arguição de Descumprimento de Preceito Fundamental (ADPF), solicitada pela Confederação Nacional dos Trabalhadores na Saúde. O advogado dessa arguição era Luís Roberto Barroso, que depois integraria a Corte. Em 2012, o plenário votou novamente a questão, e o aborto de fetos anencéfalos foi aprovado pelo placar de 8 a 2. O advogado Barroso, que estava muito envolvido na questão, sugeriu até descriminalizar a prática em todas as situações. Com a decisão, o aborto passou a ser permitido no Brasil em caso de estupro, de risco de vida para a mãe e, a partir daquele momento, nos casos de fetos sem cérebro.

Outras ofensivas do STF nos trabalhos do Congresso vão além da elaboração de leis e interferem no funcionamento do Legislativo. Em 2016, o ministro Ricardo Lewandowski intrometeu-se no processo de *impeachment* da presidente Dilma Rousseff. Com isso, a ação teve um desfecho muito diferente do afastamento de Fernando Collor de Mello, em 1992. A Constituição brasileira determina que, primeiro, a Câmara dos Deputados deve aprovar o processo de *impeachment*, por dois terços dos votos. Em seguida, o caso deve ser analisado pelo Senado, e o presidente, afastado do cargo. É uma questão meramente política. Mas uma lei anterior,

SEPARAÇÃO DE PODERES

de 1950, afirmava que o afastamento deveria ocorrer antes, após a aprovação por dois terços na Câmara dos Deputados. No julgamento de Collor, o STF concedeu parcialmente um mandado de segurança para que o ritual seguisse o da Constituição de 1988, com o afastamento ocorrendo no momento em que a denúncia é recebida pelo Senado. Collor renunciou antes que os senadores começassem a votação, na tentativa de preservar seus direitos políticos. Não funcionou. Ele foi impedido por oito anos de exercer função pública, como manda a Constituição em seu artigo 52[21]: após condenação, deve ocorrer a "perda do cargo, com inabilitação, por oito anos, para o exercício de função pública, sem prejuízo das demais sanções judiciais cabíveis".

Na vez de Dilma, ministros do STF tentaram impedir que a presidente do PT tivesse o mesmo destino. Mas, rapidamente, eles se deram conta de que seria impossível ir contra os parlamentares e a população brasileira (a aprovação de Dilma no final de 2016 chegou a míseros 9%). O então presidente do STF, Ricardo Lewandowski, fez alguns acordos com o presidente do Senado, Renan Calheiros. Ficou acertado que Dilma teria vinte dias para se defender e que Lewandowski presidiria o julgamento no Senado.

Ao iniciar a sessão, o presidente do STF ainda arrogou-se o direito de dizer aos parlamentares como eles deveriam proceder, apesar de ser um estranho no ninho. E fez um pedido peculiar, aconselhando os congressistas a não se basearem nas preferências políticas, apesar de se tratar de um processo essencialmente político. "Devendo [os parlamentares] em consequência deixar de lado, o tanto quanto possível, pois afinal, são seres humanos, suas opções ideológicas, preferências políticas e inclinações pessoais. Para julgá-la [Dilma], haverão de atuar com a máxima isenção e objetividade, considerando apenas os fatos, tais como se apresentam nos autos do processo, e as leis que sobre eles incidem", disse Lewandowski, em uma tentativa de estabelecer por si próprio os critérios que deveriam ser usados. Era um membro do Judiciário ditando aos congressistas o que eles deveriam fazer.

A vitória de Lewandowski foi parcial. Se era impossível reverter a condenação da presidente, ele ao menos evitou que ela perdesse seus direitos políticos por oito anos, como ocorreu com Fernando Collor. A estratégia de Lewandowski foi fatiar a votação. Assim, Dilma foi condenada por crimes de responsabilidades e perdeu o cargo, mas foi absolvida em outra votação, em que os congressistas avaliaram se ela deveria ser proibida de concorrer a novos cargos. Ao fazer isso, Lewandowski rasgou o artigo 52 da Constituição.

Os avanços do STF no Congresso também incluem cassar e prender seus membros, parlamentares eleitos, sem cerimônia, fazendo pouco-caso da Constituição. O artigo 53 da Carta estabelece que os deputados e senadores "são invioláveis, civil e penalmente, por quaisquer de suas opiniões, palavras e votos". É a imunidade parlamentar, indispensável para garantir um debate livre entre todas as correntes de pensamento na sociedade, refletidas em seus representantes eleitos. O mesmo artigo também afirma que eles "não poderão ser presos, salvo em flagrante de crime inafiançável. Nesse último caso, os autos devem ser remetidos dentro de 24 horas à Casa respectiva, para que, pelo voto da maioria de seus membros, resolva sobre a prisão".

Apesar do que diz a Carta, a imunidade tem sido constantemente violada. A tendência começou com a prisão do senador Delcídio Amaral, líder do PT no Senado, em novembro de 2015. O ministro do STF Teori Zavascki acusou Delcídio de tentar atrapalhar as investigações da Lava Jato, a maior operação contra a corrupção da história. Ele estaria agindo para impedir que Nestor Cerveró, um ex-diretor da Petrobras detido pela Lava Jato, colaborasse com a operação. Em um áudio gravado pelo filho de Cerveró, Delcídio insinuava que tinha influência sobre ministros do STF, falava de uma mesada de 50 mil reais para comprar o silêncio do ex--diretor e de um plano de fuga pelo Paraguai. O controlador do banco BTG Pactual, André Esteves, também estaria envolvido no esquema. Mas havia um porém: não estava colocada a condição de um "flagrante de crime

SEPARAÇÃO DE PODERES

inafiançável" que possibilitasse sua prisão, como manda o artigo 53. A saída de Zavascki, para seguir adiante, foi alegar que Delcídio pertencia a uma organização criminosa. Dessa maneira, ele conferiu ao caso do senador um status de crime permanente, permitindo que ele fosse preso a qualquer momento. Pouco depois, o senador teve o mandato cassado. Foi a primeira vez desde a redemocratização do Brasil, em 1985, que um senador foi preso no exercício do seu mandato. Os resultados foram dúbios. Em 2018, um tribunal de primeira instância absolveu Delcídio e André Esteves das acusações, alegando falta de provas. A decisão foi confirmada em segunda instância.

A prisão de Delcídio abriu a porteira para novas arremetidas do STF. Mas, como o Congresso aos poucos esboçou alguma reação, a Corte foi obrigada a recuar e a alterar algumas de suas interpretações, para evitar crises maiores. Situações semelhantes de senadores foram tratadas de maneiras diferentes. O pesquisador Fabrício Castagna Lunardi, autor do livro *O STF na Política e a Política no STF*, chamou esse comportamento de "constitucionalismo seletivo"[22], que é quando "o resultado da interpretação constitucional é modificado conforme o interesse ou o ator político envolvido". Essas diferenças no rigor da punição abalaram a legitimidade de um tribunal que deveria ser o guardião da Constituição, mas que demonstra uma atuação cada vez mais política.

Em 2016, o STF pediu o afastamento do deputado Eduardo Cunha, do MDB (à época, PMDB). Foi uma solicitação do partido Rede Sustentabilidade, em uma represália por ele ter comandado o *impeachment* da presidente Dilma Rousseff. O argumento oficial era de que uma pessoa que estava como ré em um processo no STF não poderia estar na linha da sucessão da Presidência (na ausência do presidente e do vice, quem assume é o presidente da Câmara e depois, do Senado). Cunha estava sendo investigado por "constranger, intimidar parlamentares, réus, colaboradores, advogados e agentes públicos com o objetivo de embaraçar e retardar investigações" da Lava Jato. O artigo 55 da Constituição, que legisla sobre a perda de mandato, não prevê o afastamento de um parlamentar em função de medida cautelar em processo penal, mas apenas quando o parlamentar tiver sido condenado criminalmente, após sentença transitada em julgado. Mas Cunha não teve a quem recorrer e a Câmara nada fez para protegê-lo. "A decisão reforçou a posição do Supremo como uma instância capaz de reescrever a Constituição", escreve Oscar Vilhena Vieira no livro *A Batalha dos Poderes*[23].

Mais tarde, outros parlamentares conseguiram escapar da sina de Delcídio e de Cunha. No final de 2016, o ministro do STF Marco Aurélio Mello pediu o afastamento do senador Renan Calheiros da presidência do Senado, sob a justificativa de que ele não poderia exercer sua função, uma vez que tinha se tornado réu em uma ação penal no Supremo. Havia indícios de que Renan tinha fraudado empréstimos de uma locadora de veículos para justificar movimentação financeira suficiente para pagar pensão a uma filha. De novo, entrava a história da linha de sucessão da Presidência. Mas, desta vez, houve uma reação. Renan deu de ombros. A Mesa Diretora do Senado, que coordena os trabalhos da Casa, afirmou que não cumpriria a ordem. O Senado argumentou que não fazia sentido obedecer a uma ação monocrática, individual, e que só iria se mexer após um posicionamento do plenário do STF, com seus onze membros. O recuo do Supremo foi constrangedor. Uma sessão do plenário foi marcada às pressas. Nela, decidiu-se que Renan poderia continuar exercendo suas funções normalmente como senador, mas que teria de abdicar da presidência do Senado (ele mais tarde foi absolvido da acusação de desviar verbas para beneficiar a filha). Com isso, Renan teve direito a uma colher de chá, da qual Delcídio e Cunha não sentiram nem o cheiro.

No ano seguinte, foi a vez de Aécio Neves, do PSDB. Uma gravação telefônica o flagrou pedindo dinheiro para o empresário Joesley Batista, da empresa de alimentos J&F. Com base nesse áudio, a Procuradoria-Geral da República o denunciou ao STF por corrupção e obstrução de Justiça. O ministro Edson Fachin, que cuidava das questões ligadas à Lava Jato,

SEPARAÇÃO DE PODERES

solicitou o afastamento do senador em medida cautelar. Em votação, a Primeira Turma do STF (para agilizar os processos, há duas turmas que julgam casos diferentes), decidiu pela sua "suspensão do exercício das funções parlamentares" e seu "recolhimento domiciliar no período noturno". Mas, quando a coisa foi para o plenário do STF, com todos os ministros, uma maioria de 6 a 5 alterou o entendimento anterior. A partir de então, numa espécie de mea-culpa, o Supremo entendeu que o correto seria enviar os autos do processo com antecedência de vinte e quatro horas à Casa Legislativa, que então deveria votar pelo cumprimento ou não da medida judicial. A palavra final, assim, ficaria com o Congresso.

Essa deferência ao Legislativo, observada nos casos de Renan e de Aécio, foi temporária. Nos anos seguintes, a política brasileira passou por algumas transformações profundas. O antipetismo e o rancor contra a corrupção generalizada cresceram e levaram Jair Bolsonaro a vencer as eleições presidenciais, em 2018. Sua ascensão se deu principalmente com ajuda das redes sociais, as quais se tornaram uma plataforma para os políticos espalharem suas mensagens. Quanto mais radicais suas falas na internet, mais visualizações e mais capital político eles acumulavam. Essa mudança na sociedade levou a uma alteração no perfil dos políticos cassados pelo Supremo. Saíram de cena aqueles pegos em atos de corrupção e entram os que incomodaram o STF com suas declarações, que atacaram as instituições e que lançaram dúvidas sobre o sistema eleitoral.

Em fevereiro de 2021, o ministro do STF Alexandre de Moraes ordenou a prisão do deputado federal carioca Daniel Silveira, do PSL. O parlamentar tinha proferido diversos xingamentos de baixo nível aos ministros do STF em um vídeo publicado na internet. Afirmou que eles deveriam levar uma surra e torceu pela volta do Ato Institucional número 5, o AI-5, da ditadura militar. Silveira afirmou que os ministros do STF "não servem para porra nenhuma para esse país, não têm caráter, nem escrúpulo, nem moral e deveriam ser destituídos para a nomeação de onze novos ministros". Silveira foi acusado de cometer os crimes contra "a honra do Poder Judiciário e dos Ministros do Supremo Tribunal Federal". Moraes também enquadrou Silveira na Lei de Segurança Nacional, uma legislação do tempo da ditadura militar e que acabaria sendo revogada naquele mesmo ano de 2021. Foi uma contradição e tanto, uma vez que Moraes estava criticando Silveira por fazer apologia do AI-5, também da ditadura, e se colocando como um defensor da democracia.

Assim como no caso do petista Delcídio, acrobacias jurídicas foram empregadas para justificar a prisão de Daniel Silveira, um aliado de Jair Bolsonaro. No mandado, Moraes afirmou que "a Constituição Federal não permite a propagação de ideias contrárias à ordem constitucional e ao Estado Democrático" e citou o inciso XLIV do artigo 5º. Mas esse trecho não fala em "ideias contrárias à ordem constitucional" e sim da "ação de grupos armados, civis ou militares", o que obviamente é muito diferente. Ele também cita os incisos 3 e 4 do artigo 34, mas esse pedaço fala de situações que poderiam permitir a intervenção da União nos estados da federação, como para "pôr termo a grave comprometimento da ordem pública" e "garantir o livre exercício de qualquer dos Poderes nas unidades da Federação".

Outra manobra jurídica foi para tentar driblar as garantias que a Constituição dá aos parlamentares, estabelecendo que "os membros do Congresso Nacional não poderão ser presos, salvo em flagrante de crime inafiançável". Silveira não estava cometendo crime algum quando foi detido. Mas Moraes afirmou que se tratava de uma infração permanente, uma vez que o vídeo continuava no ar (com Delcídio, a tática foi dizer que ele pertencia a uma organização criminosa). O ministro assim entendeu que, por ter efeitos duradouros, o ato criminoso continuava sendo praticado: "Relembre-se que, considera-se em flagrante delito aquele que está cometendo a ação penal, ou ainda acabou de cometê-la. Na presente hipótese, verifica-se que o parlamentar Daniel Silveira, ao postar e permitir a divulgação do referido vídeo, que repiso, permanece disponível nas redes sociais, encontra-se em infração permanente e consequentemente em flagrante delito, o que permite a consumação de sua prisão em flagrante." A existência de flagrante também dispensaria a necessidade de o Supremo agir só quando solicitado, autorizando que atuasse "de ofício". A decisão de Moraes abriu um precedente perigoso, podendo levar à prisão em flagrante um número muito maior de pessoas, incluindo de jornalistas críticos ao governo, por causa de vídeos publicados na internet. O presidente Jair Bolsonaro evitou a detenção de Silveira com um indulto presidencial, mas o efeito desse gesto foi cancelado quando Bolsonaro deixou o Palácio do Planalto.

Em agosto de 2021, mesmo ano da prisão de Silveira, o ministro do STF Alexandre de Moraes pediu a prisão preventiva do deputado Roberto Jefferson, do PTB. A medida cautelar seria uma necessidade, segundo o ministro, para preservar a ordem pública. Moraes afirmou que vídeos publicados pelo deputado no YouTube teriam por objetivo "atacar integrantes de instituições públicas, desacreditar o processo eleitoral brasileiro, reforçar o discurso de polarização e de ódio; e gerar animosidade dentro da própria sociedade brasileira, promovendo o descrédito dos Poderes da República". O artigo 53 da Constituição, segundo o qual os parlamentares são invioláveis por "quaisquer de suas opiniões, palavras e votos" foi novamente desconsiderado. Para Moraes, Jefferson ainda seria parte do núcleo político de uma organização criminosa que estaria buscando "a derrubada da estrutura democrática e o Estado de Direito no Brasil", o fim do STF e a volta da ditadura. Assim como no caso de Silveira, os insultos de Jefferson nas redes sociais foram usados para justificar uma prisão em flagrante de crime inafiançável, uma vez que o ato criminoso seria permanente. Os contorcionismos jurídicos foram se acumulando. "As condutas praticadas pelo parlamentar foram perpetradas em âmbito virtual, por meio da publicação e divulgação de vídeos em mídia digital ("YouTube") durante todo o dia, com constante interação do mesmo, situação que configura crime permanente enquanto disponível ao acesso de todos, ainda que por curto espaço de tempo, permitindo a prisão em flagrante do agente", diz o mandado de prisão. O caso ainda subiria de tensão mais tarde, com Jefferson usando as redes sociais durante prisão domiciliar e recebendo policiais federais com rajadas de tiros e granadas em sua casa.

INVESTIDAS CONTRA O EXECUTIVO

Além de incomodar o Legislativo, a supremocracia interveio, e muito, no Executivo, anulando atos de sucessivos presidentes da República e mudando o rumo da política nacional. Essa atuação ficou evidente em março de 2016, quando o ministro do STF Gilmar Mendes cassou a nomeação de Lula como chefe da Casa Civil. Segundo Mendes, teria ocorrido um desvio de finalidade no gesto de Dilma Rousseff, cujo objetivo seria dar foro privilegiado ao petista. Sua posse implicaria que as investigações contra Lula no âmbito da Lava Jato fossem redirecionadas para o STF, o que beneficiaria o acusado. Até então, o tribunal nunca tinha interferido tanto em uma decisão do presidente da República[24]. Como Dilma sofreu *impeachment* dois meses depois, a acusação de Gilmar Mendes nunca foi avaliada pelo plenário do Supremo. O caso acabou perdendo a razão de ser ("perdeu o objeto", no juridiquês) e subiu no telhado. Gilmar Mendes pressentiu que a nomeação teria como objetivo o desvio de finalidade, mas seria muito difícil provar isso naquele momento. Além disso, as investigações contra Lula seguiriam no STF e teriam um final imprevisível, uma vez que até aquele momento o tribunal ainda não dava pistas de favorecer o petista e a esquerda.

Nos meses seguintes, mais uma vez, o STF aplicaria o constitucionalismo seletivo, aquele em que a regra vale para um, mas não para o outro. Ao assumir a Presidência com a saída de Dilma, Michel Temer escolheu Moreira Franco, do MDB, para ser o seu secretário-geral da Presidência, cargo com status de ministro. Partidos da oposição recorreram ao STF pedindo um mandado de segurança para impedir a posse, uma vez que o

SEPARAÇÃO DE PODERES

caso também configuraria "desvio de finalidade". Como Lula, Franco estava sendo investigado pela Lava Jato. Estava fresca ainda na memória a acusação de Gilmar Mendes contra o ato de nomeação de Dilma. Mas o ministro do STF Celso de Mello, relator do caso, ignorou os apelos. Ele ainda deu declarações totalmente contraditórias com a cassação do mandato de Lula por Gilmar Mendes, menos de um ano antes. "A nomeação de alguém para o cargo de ministro de Estado não configura, por si só, hipótese de desvio de finalidade", disse Mello. Segundo ele, a nomeação não neutralizaria as investigações em curso, dado que "o ministro de Estado pode ser submetido, perante o Supremo Tribunal Federal, à investigação criminal instaurada pela Polícia Judiciária ou pelo Ministério Público". A hipótese de que Dilma estava tentando blindar Lula da Justiça com o escudo do foro privilegiado, portanto, não faria sentido, segundo esse raciocínio. Celso de Mello foi em sentido completamente oposto ao de Gilmar Mendes.

Sem a justificativa do "desvio de finalidade", o STF voltou a interferir em nomeações do Executivo com critérios excêntricos. Ainda no governo Temer, o tribunal frustrou a nomeação de Cristiane Brasil para o Ministério do Trabalho. A alegação foi de que isso iria contra a moralidade pública. Explica-se: Cristiane já tinha sido acionada na Justiça do Trabalho por dois ex-motoristas. Porém, não há qualquer lei na Constituição afirmando que uma pessoa não pode assumir o Ministério do Trabalho se já tiver tido problemas na Justiça do Trabalho com ex-funcionários. A única coisa que existe, no artigo 37, é um texto vago dizendo que a administração pública deve se orientar pela "moralidade". A aplicação desse trecho ao caso de Cristiane Brasil, levada ao pé da letra, implicaria que o STF teria, quando solicitado, de julgar a moralidade de todos os nomeados pela Presidência, declarando quem poderia estar apto ou não para o cargo. Obviamente, seria uma missão impossível, a qual o Supremo não assumiu para si em outras ocasiões.

No governo de Jair Bolsonaro, o ministro do STF Alexandre de Moraes impediu a nomeação de Alexandre Ramagem para a direção da

Polícia Federal. A suspeita era que ele poderia interferir politicamente na instituição. Para conter Bolsonaro, que não demonstrava qualquer apreço pela Corte, o tribunal tomou diversas providências. Com a chegada da pandemia de covid-19, o STF foi acionado em razão da posição do presidente contra as medidas de distanciamento social. O tribunal declarou que os governos estaduais tinham competência para implementar as próprias políticas contra a disseminação do vírus. A Corte também proibiu o governo federal de circular campanhas publicitárias contrárias a medidas restritivas dos estados.

A investida contra o Executivo no governo Bolsonaro também se deu com outros temas. Em dezembro de 2020, o ministro Dias Toffoli suspendeu a eficácia de um decreto presidencial que estabelecia a segregação de alunos com deficiência nas escolas. Outros decretos, voltados para flexibilizar a política de armas, também tiveram resistência no STF, que conseguiu anular os dispositivos que contrariavam leis anteriores. Bolsonaro também tentou extinguir todos os colegiados da administração pública federal. O STF, contudo, impediu que ele fechasse aqueles que tinham sido criados por lei. Em todas essas ações do governo Bolsonaro, o STF demonstrou agilidade e coesão, com várias decisões sendo tomadas em plenário, e não de maneira monocrática[25].

É claro que pode-se concordar com algumas medidas tomadas pelo STF ao longo dessas últimas duas décadas. A autorização para pesquisas com células-tronco ou a permissão para que os estados pudessem aplicar medidas de distanciamento social na pandemia de covid contaram com amplo apoio popular. E também pode-se concordar com alguns afastamentos e prisões de políticos. Mas é impossível para qualquer brasileiro estar sempre de acordo com a Corte. Quem comemorou a prisão de Delcídio pode ter reclamado da de Daniel Silveira e Roberto Jefferson. Quem não gostou da detenção do petista pode ter vibrado com a dos bolsonaristas. Mas em todos esses casos a origem do problema é a mesma: o desleixo com que o STF vem tratando o Congresso. Quem aplaudiu a aprovação

SEPARAÇÃO DE PODERES

de pesquisas com células-tronco em nome do progresso da ciência pode ter estranhado a sugestão do ministro Barroso de um "limite de 25 gramas de maconha ou a plantação de até seis plantas fêmeas da espécie".

O mais provável é que, para qualquer brasileiro, o STF tomou alguma medida desagradável em algum momento. E isso não ocorre porque o tribunal está cumprindo a sua função, e sim porque está avançando nas searas do Congresso e do Executivo, as quais são de natureza política e deveriam ser conduzidas por representantes eleitos. Para evitar dividir a sociedade, que já está muito polarizada no Brasil, o recomendável seria que a Corte se mantivesse nos limites definidos pela Constituição, tendo uma atuação mais parecida com a da Suprema Corte americana, que lhe serviu de modelo. Mas o tribunal não dá mostras de estar disposto a se contentar com menos, depois de ter tomado para si poderes que não são seus.

IMPARCIALIDADE

O FOTÓGRAFO RAFAEL MORAES chegou cedo à redação do jornal carioca *Extra* no dia 24 de fevereiro de 2015. Assim que recebeu uma ordem de seu chefe, pegou sua câmera, uma lente de longo alcance e foi para a Praça Mauá, no centro do Rio de Janeiro. Perto das sete horas da manhã, ele começou a acompanhar o vaivém dos carros de um prédio da Justiça Federal, que ocupa um quarteirão inteiro. Rafael notou que, pouco antes de a cancela subir, os carros paravam por alguns segundos antes de entrar no estacionamento. O fotógrafo então sentou-se estrategicamente no degrau de uma loja e ali permaneceu, de tocaia, aguardando sua presa. Após meia hora de espera, ele avistou um Porsche Cayenne branco. Quem parecia descontraído, como se estivesse batucando ao volante, era o juiz federal Flávio Roberto de Souza. Como o carro tinha vidros claros, Rafael não perdeu tempo. Disparou o botão da máquina e captou a cena, que foi parar em todos os jornais no mesmo dia.

Aquele não era um carro qualquer. Além de custar mais de meio milhão de reais, o Porsche integrava um conjunto de bens do empresário Eike Batista, que iria a leilão dois dias depois. O pacote dos bens do bilionário incluía seis automóveis, três motos aquáticas, uma lancha e um piano. Eike respondia a processos por sete crimes, entre eles, manipulação de mercado, uso de informação privilegiada e formação de quadrilha na negociação de ações de sua petroleira OGX e da empresa de construção naval OSX (a letra "x" no final do nome das empresas seria para multiplicar a riqueza).

IMPARCIALIDADE

A ordem para apreender os bens de Eike tinha sido dada pelo juiz Flávio Roberto de Souza, aquele mesmo que batucava ao volante. Alegando que não havia lugar para guardar o carro nas instalações públicas, o magistrado defendeu que seria melhor estacioná-lo em sua própria garagem e usá-lo para ir ao trabalho. Ele também mandou que o piano de Eike fosse entregue na casa de um vizinho seu.

A foto de Rafael suscitou comentários do advogado Sergio Bermudes, que defendia Eike e é dono de uma das maiores bancas do Brasil. Bermudes afirmou que o magistrado "andou longe de ser imparcial" e solicitou seu afastamento. O pedido foi atendido, para a satisfação de Bermudes. "Não há punição maior para um juiz do que ser afastado do processo porque é parcial. A imparcialidade do juiz é, no que se diz em linguagem técnica, o pressuposto processual subjetivo", afirmou. O juiz mais tarde foi preso, acusado de peculato, crime que ocorre quando um funcionário público usa do seu cargo para se apropriar de bens alheios.

A saga de Eike Batista pelos tribunais não acaba aí e fica ainda mais esdrúxula. Em 2017, o empresário estava cumprindo prisão preventiva em Bangu, acusado de pagar propinas ao ex-governador Sérgio Cabral, em troca de contratos com o governo. Em abril daquele ano, atendendo a um pedido de outro advogado, o ministro do STF Gilmar Mendes concedeu um *habeas corpus* para libertar o empresário. A reação foi intensa.

Em um artigo com o título "Gilmar e Guiomar" publicado na revista *Veja*, o jornalista J. R. Guzzo acusou o ministro do STF de ter tomado essa decisão porque sua esposa, Guiomar, trabalhava no escritório de Bermudes, que tinha Eike como cliente. De novo, a questão da imparcialidade vinha à tona. "O problema do ministro Gilmar Mendes é muitíssimo mais simples; ele é casado com dona Guiomar Mendes, e dona Guiomar Mendes trabalha no escritório de advocacia Sergio Bermudes, do Rio de Janeiro, muito procurado por magnatas em busca de socorro penal. Um deles é Eike Batista. Ou seja: 'Gil' mandou soltar um cliente do escritório de 'Guio'. Pode? É claro que não", escreveu Guzzo.

STF - COMO CHEGAMOS ATÉ AQUI?

Resumindo a ópera toda: Eike foi prejudicado por um juiz que queria andar com seu Porsche e tocar o seu piano, mas depois foi solto com a ajuda de um magistrado ainda mais poderoso, após contratar o escritório da sua esposa. O Brasil não é um país para principiantes.

Ao conceder o *habeas corpus*, Gilmar Mendes não se considerou suspeito ou impedido, mesmo diante de um óbvio conflito de interesses. À época, o procurador-geral da República Rodrigo Janot, que tem como missão zelar para que os rituais constitucionais sejam respeitados, pediu que Gilmar fosse afastado do caso, mas foi ignorado. "O ministro, pela interpretação normal da palavra integridade, teria de ter passado o julgamento de Eike para um de seus colegas; não pode estar no STF e, ao mesmo tempo, decidir causas em que sua mulher tem interesse", escreveu Guzzo na *Veja*.

Guiomar Mendes é sócia do escritório Sergio Bermudes que fica em Brasília. Gilmar, Guiomar e Bermudes são próximos. De acordo com reportagem do jornalista Luiz Maklouf Carvalho, na revista *Piauí*, "Mendes e Guiomar já se hospedaram nos apartamentos de Sergio Bermudes no Rio, no Morro da Viúva, e em Nova York, na Quinta Avenida. Também usam a sua Mercedes-Benz, com o motorista"[1].

A cada nova votação polêmica de Gilmar em um caso do escritório Sergio Bermudes, Guiomar argumenta que não está diretamente envolvida. De fato, não foi ela que solicitou o *habeas corpus* de Eike. Tampouco foi o escritório de Sergio Bermudes, que atendia Eike apenas na área cível, e não na criminal. Mesmo assim, as suspeitas persistem. Não há como afirmar que o fato de o empresário ser cliente do escritório da esposa de Gilmar Mendes não tenha atraído mais atenção para o *habeas corpus*. Como diz o ditado da Roma Antiga, "à mulher de César não basta ser honesta, é preciso parecer honesta".

Casos que escandalizam cidadãos em todo o país, como esse, muitas vezes passam despercebidos na capital da República. Em Brasília, ninguém se assombra com o fato de que firmas de advocacia se jactam de parentescos com ministros do Supremo para mostrar que têm "acesso aos gabinetes". Essa tem sido uma estratégia exitosa para atrair clientes endinheirados, encrencados na mais alta esfera do Judiciário. Uma vez contratados, seus advogados recorrem aos chamados "embargos auriculares", em que eles despacham diretamente com os juízes, ao pé do ouvido. Propagandear-se usando esses vínculos é um costume especialmente comum nas bancas das esposas dos ministros.

O problema ganha uma gravidade ainda maior porque os casamentos entre advogados, promotores e juízes são muito comuns. Muitos se conheceram na faculdade de direito ou em meio às rotinas de trabalho. É o mesmo fenômeno que ocorre entre os médicos. A diferença, nesse caso, é que depois que os maridos se sentam em uma das cadeiras cor de caramelo do plenário do STF, os escritórios das esposas prosperam e elas passam a ganhar mais — ou muito mais — que seus maridos. E não é pouca coisa. O salário de um ministro do STF estava previsto para chegar a 46 mil reais em fevereiro de 2025. Mas suas esposas, em escritórios privados, recebem bem mais em causas multimilionárias.

Em junho de 2018, uma reportagem da revista *Crusoé* revelou que Roberta Rangel remunerava o marido Dias Toffoli, ministro do STF, com uma mesada de 100 mil reais por mês. O dinheiro saía de uma conta pessoal dela e caía numa conta conjunta do Banco Mercantil do Brasil, administrada por um funcionário lotado no gabinete de Toffoli[2]. Apesar de receber salário dos cofres públicos, esse empregado cuidava das finanças pessoais do chefe. Quando a reportagem foi publicada, o valor da mesada era o triplo do que Toffoli recebia de honorários no tribunal. Somando todos os repasses até a data da matéria, o valor somava 4,5 milhões de reais.

Tendo os maridos como chamarizes, os clientes se multiplicam. Em 2023, uma simples pesquisa feita no site do STF pela *Crusoé*[3] mostrava que Roberta tinha trinta e quatro casos esperando a vez na Corte. Valeska Teixeira, esposa de Cristiano Zanin, tinha quarenta e nove. Viviane Barci, cônjuge de Alexandre de Moraes, vinte e cinco. Mas nenhuma dessas bancas de advogados tinha tantos casos quanto a de Sergio Bermudes, onde trabalhava Guiomar Mendes, com quinhentos e um — embora ela só estivesse diretamente envolvida em um processo.

Advogados se revoltam contra esse uso das relações familiares. Por causa dessa prática, casos que deveriam ser decididos com base em evidências, na legislação ou na qualidade das argumentações são definidos pelos vínculos de parentescos. Esses profissionais, contudo, evitam criticar publicamente esse costume, porque podem prejudicar seus clientes se um de seus casos for parar no STF. Além disso, os clientes simplesmente não os contratariam se eles brigassem com o tribunal.

Juízes de instâncias inferiores condenam o hábito, mas muitos se calam porque, para subir na carreira, precisam do consentimento dos que estão na parte de cima. Promotores e procuradores do Ministério Público também repudiam a prática, porque sabem que ela distorce as decisões dos magistrados. Os raros jornalistas que se aventuram a produzir reportagens sobre o assunto têm uma enorme dificuldade para encontrar especialistas que comentem o assunto "em *on*", isto é, permitindo que seus nomes apareçam ao longo do texto ou em vídeo.

Os ministros do STF permanecem indiferentes aos lamúrios alheios. O regulamento interno da Corte estabelece em seu artigo 277 que eles devem se declarar suspeitos ou impedidos nos casos previstos em lei. A norma em questão até pouco tempo atrás era o Código de Processo Civil, que define como tramitam os processos na Justiça, estipulando prazos, os tipos de recursos e as competências. Esse texto começou a ser discutido em 2009 e só foi aprovado em 2015 pela presidente Dilma Rousseff. Tudo depois de um intenso debate na Câmara dos Deputados e no Senado, em que a sociedade civil participou enviando 80 mil e-mails. Quando foi finalmente sancionado, o Código de Processo Civil impedia a participação de magistrados nos processos quando havia envolvimento de parentes.

No seu artigo 144, inciso VII, afirmava-se que há impedimento do juiz no processo "em que figure como parte cliente do escritório de advocacia de seu cônjuge, companheiro ou parente, consanguíneo ou afim, em linha reta ou colateral, até o terceiro grau, inclusive, mesmo que patrocinado por advogado de outro escritório".

Os ministros do STF não apenas fingem desconhecer essa exigência da lei como a anularam. Em agosto de 2023, o STF julgou uma Ação Direta de Inconstitucionalidade enviada pela Associação dos Magistrados Brasileiros, a AMB. A entidade malandramente perguntava se o tal inciso era mesmo constitucional. O relator foi o ministro Edson Fachin. Ele defendeu que não havia nada de errado com o trecho do Código Civil, e que ele era importante para "garantir um julgamento justo e imparcial". Sua opinião foi compartilhada pela Advocacia-Geral da União e pela Procuradoria-Geral da República. Cármen Lúcia, Rosa Weber e Luís Roberto Barroso acompanharam Fachin no julgamento.

Mas uma reviravolta na votação do caso em plenário se deu com o voto de Gilmar Mendes, o marido de Guiomar. Ele considerou o trecho do Código de Processo Civil inconstitucional. "Mesmo sendo uma regra previamente estabelecida em lei, a norma dá às partes a possibilidade de usar o impedimento como estratégia, definindo quem serão os julgadores da causa", disse. Segundo o seu raciocínio, uma denúncia de conflito de interesses por parte da sociedade seria indesejável, porque daria um poder às partes de decidir quem seriam os magistrados. Gilmar entendeu que isso seria uma afronta, e foi acompanhado no voto pelos ministros Cristiano Zanin, Dias Toffoli, Nunes Marques e Alexandre de Moraes. Ao final, a Corte declarou inconstitucional esse trecho do Código de Processo Civil, por um placar de 7 a 4. Em vez de obedecer a norma, elaborada pelo Congresso com base em um rascunho feito por uma comissão de juristas e apoio da sociedade, o STF decidiu suprimi-la numa canetada.

Um detalhe dessa votação é que quatro dos cinco ministros que consideraram o trecho do artigo 144 inconstitucional — Gilmar, Zanin, Toffoli e Alexandre de Moraes — têm esposas em empresas de advocacia com casos no STF. Na ordem: Guiomar, Valeska, Roberta e Viviane. Sendo assim, o mais correto seria que seus esposos se julgassem impedidos para decidir sobre a inconstitucionalidade do trecho, uma vez que suas mulheres poderiam se beneficiar com a decisão. Mas nenhum deles pensou nisso, claro. A parcialidade no STF é a regra, não a exceção.

Eliana Calmon, ex-ministra do Supremo Tribunal de Justiça e ex--corregedora nacional, foi uma das poucas vozes a criticar a atuação dos magistrados do STF. Disse ela em conversa no *Papo Antagonista*, de 21 de agosto de 2023: "O que eu acho mais perverso é a captação de clientela, porque naturalmente todos os escritórios que têm, pelo menos pelo nome e pelo andar da carruagem, influência com ministros dos tribunais superiores naturalmente têm muito mais clientes arranjados do que todo e qualquer advogado que se esforça para fazer uma atividade jurídica ética e correta", disse Eliana. "Eu fiquei em perplexidade com essa última decisão do Supremo Tribunal Federal em achar que não há nada de mais. Em primeiro lugar, os ministros não podiam nem votar isso, porque quem votou, votou em causa própria. Ou seja, porque têm seus filhos, suas mulheres e seus parentes em grandes escritórios de advocacia. Eles nem poderiam ter votado isso. Mas como estão desprezando para eles a questão do impedimento da suspensão, veio a decisão que deixou todo mundo em perplexidade. Fora o aspecto ético, o aspecto moral.[4]"

A perplexidade aumentaria pouco depois, em dezembro de 2023. Logo que teve início o recesso do Judiciário, o ministro do STF Dias Toffoli suspendeu uma multa de 10,5 bilhões de reais do grupo J&F, que se tornou a maior empresa não financeira do Brasil graças à ajuda da política de "campeãs nacionais" das gestões petistas. A companhia foi condenada na Lava Jato por pagar suborno a políticos em troca dos favorecimentos oficiais. Para seguir funcionando, seus donos, incluindo os irmãos Joesley e Wesley Batista, tinham fechado um acordo de leniência com o Ministério Público Federal. Apesar de faturar muito mais do que isso, a empresa pechinchou para reduzir a multa, que inicialmente era de 10,5 bilhões de reais. Toffoli foi mais além e cancelou tudo.

IMPARCIALIDADE

O detalhe que não pode faltar: a J&F tinha contratado o escritório de advocacia de Roberta Rangel, esposa de Toffoli. Embora ela não tenha se envolvido nesse caso específico, a relação é inegável. Mas Toffoli não alegou conflito de interesses e não se disse suspeito ou impedido. E tudo isso ocorreu menos de quatro meses após ele ter sido um dos cinco que votaram para permitir o julgamento de casos em que esposas atuam como advogadas.

A Constituição de 1988 não afirma com todas as letras que um juiz ou ministro do STF deva ser imparcial. Contudo, isso pode ser deduzido do artigo 5º, segundo o qual todos são iguais perante a lei, sem distinção de qualquer natureza. Entre seus parágrafos também pode-se ler que "não haverá juízo ou tribunal de exceção" e que "ninguém será processado nem sentenciado senão pela autoridade competente". A Carta também incorpora os tratados internacionais dos quais o Brasil é signatário. Da Convenção Americana sobre Direitos Humanos, assinada pelos estados-membros da Organização dos Estados Americanos (OEA), em 1969, entende-se que um indivíduo tem o direito de ser ouvido por um "juiz ou tribunal competente, independente e imparcial".

Quando se pede que os juízes sejam imparciais, é preciso fazer uma ressalva. Todas as pessoas carregam consigo valores, teorias e preconceitos, que pesam na hora de fazer julgamentos. O que se requer dos magistrados não é que eles joguem tudo isso fora, o que seria impossível, mas que eles não tenham interesses em relação às partes e formem seu voto durante o processo, quando tanto a acusação quanto a defesa podem levar evidências e expor seus argumentos. Assim, entende-se que eles consolidem suas posições ao final de todo o processo, e não que o voto já esteja decidido de antemão.

Para que tudo siga o seu fluxo normal, com juízes imparciais, a Constituição estabeleceu algumas normas. A mais relevante é a que estabelece como se dá a escolha dos ministros. O Brasil seguiu a tradição americana, e incorporou a noção de que o presidente é quem faz a indicação ao Senado. O candidato precisa preencher três critérios: notório saber jurídico, reputação ilibada e ter entre trinta e cinco e setenta e cinco anos. Feita a escolha, o chefe de governo envia ao Senado uma mensagem com o nome desejado. Um congressista é designado para relatar o caso e elaborar um parecer recomendando ou não a aprovação. Há um prazo mínimo para manifestações da sociedade civil. O Senado também deve divulgar o currículo do indicado, com suas publicações, filiações institucionais e profissionais anteriores, além da justificativa dada pelo presidente da República para a escolha[5]. Feito isso, o candidato é sabatinado, em uma sessão em que os senadores podem fazer perguntas livremente. Em uma votação, o nome precisa contar com apoio da maioria, ou seja, quarenta e um dos oitenta e um senadores.

No artigo 95, fala-se de três regras de extrema importância para manter a independência e imparcialidade dos ministros já empossados. São elas: vitaliciedade, inamovibilidade e irredutibilidade de vencimentos. Depois que uma pessoa assume como ministro do STF, ela não pode ser tirada forçosamente do cargo até completar setenta cinco anos. Isso permite que os magistrados fiquem no posto por vários anos, enquanto os presidentes se alternam no Executivo.

Em tese, a vitaliciedade reduz a dependência do presidente, que é quem nomeia os ministros do STF. Ao mesmo tempo, ela ajuda a criar um sentimento corporativista entre os ministros, que progressivamente passariam a agir em defesa da instituição e da democracia. O convívio com outros ministros, assim, fomentaria a imparcialidade, pois permite a construção de uma identidade comum[6]. Ministros também não podem ser trocados de vara ou ter o salário reduzido, o que é uma forma de blindá-los de interferência política.

Aos juízes é vedado, segundo a Constituição, exercer outro cargo ou função, salvo a de magistério, receber, a qualquer título ou pretexto, custas ou participação em processos e dedicar-se à atividade político-partidária. Eles também não podem receber auxílios ou contribuições de pessoas físicas, entidades públicas ou privadas. Tudo para assegurar a imparcialidade.

IMPARCIALIDADE

A prática mostra, porém, que alguns ministros são desavergonhadamente parciais, e votam sempre pensando em agradar o presidente que os indicou, com desdém total pelas regras. Mais do que servir à instituição ou à democracia, eles querem agradar o seu padrinho político. Um dos maiores exemplos de servilismo é o de Ricardo Lewandowski, que foi nomeado por Lula em 2006.

Lewandowski só entrou na Corte porque sua mãe era amiga de Marisa Letícia, esposa do presidente petista. As duas viveram em São Bernardo do Campo, onde Lula fez sua carreira sindical. Em seu período na Corte, o ministro tomou inúmeras posições favoráveis a Lula e ao PT. Ele foi o revisor do mensalão, que investigou a compra de votos no Congresso durante o primeiro governo Lula. Nessa época, Lewandowski dizia que seu passado de esquerda não lhe permitia assistir passivamente um movimento destinado a solapar o Partido dos Trabalhadores[7]. Ele tentou absolver os petistas José Genoíno e José Dirceu, sem sucesso, mas conseguiu safar muitas figuras menores do partido. Em uma conversa telefônica que foi captada pela jornalista Vera Magalhães, então trabalhando na *Folha*, Lewandowski afirmou para um interlocutor que "a imprensa acuou o Supremo" e que por isso "todo mundo votou com a faca no pescoço". Sem isso, "a tendência era amaciar para o Dirceu", algo que ele tentou, mas não conseguiu[8].

Em 2016, Lewandowski meteu-se no meio do *impeachment* de Dilma Rousseff no Congresso e impediu que ela tivesse os direitos políticos cassados, como manda a Constituição. Depois, em uma aula na Faculdade de Direito da USP, lamentou o afastamento da presidente dizendo que foi um "tropeço da democracia". O ministro ainda teve papel fundamental na anulação das condenações de Lula, ao brigar para invalidar as provas contra ele na Operação Lava Jato. Lewandowski entregou para a defesa do petista, comandada por Cristiano Zanin, depois nomeado ministro do STF, a íntegra do acordo de leniência entre o Ministério Público e a Odebrecht, além do conteúdo de várias delações premiadas. Também permitiu que a defesa de Lula tivesse acesso às mensagens que tinham sido trocadas entre o juiz

STF - COMO CHEGAMOS ATÉ AQUI?

Sergio Moro e o procurador Deltan Dallagnol e que foram furtadas ilegalmente por um hacker. Tudo para ajudar a tirar Lula da cadeia. Em 2024, veio a retribuição. Lewandowski foi nomeado por Lula para ser o ministro da Justiça e da Segurança Pública.

Apesar de evidências como essas, não há como provar, cientificamente, que a indicação presidencial influencie no comportamento em plenário de uma maneira geral. Quando todos os ministros são considerados em um longo período de tempo, essa relação de causa e efeito não pode ser provada com base em números. Quem mais chegou perto disso foi a socióloga Fabiana Luci de Oliveira, da Universidade Federal de São Carlos, interior de São Paulo[9]. Após analisar 1.277 ações diretas de inconstitucionalidade julgadas pelo STF entre 1999 e 2006, ela concluiu que existiam duas panelinhas que normalmente votavam juntas. Uma era formada pelos ministros nomeados pelo presidente Fernando Henrique Cardoso e pelo presidente Itamar Franco. A outra era composta pelos três ministros nomeados por Lula. "A principal conclusão é que ministros nomeados por um mesmo presidente da República são mais propensos a votar em conjunto do que a dividir seus votos e que a coesão verificada entre os ministros nomeados por um mesmo presidente é maior que a coesão da corte de maneira geral", afirma Fabiana em seu estudo.

Mas outros pesquisadores não conseguiram encontrar sinais suficientes para concluir que a indicação presidencial é mesmo determinante nos votos. Isso ocorre porque, embora alguns sejam muito fiéis, como Lewandowski, outros acabaram votando contra seus caciques políticos.

Alguns espasmos de independência se tornaram emblemáticos. Dilma Rousseff indicou Luiz Fux, em 2011. Carioca, judeu, lutador de jiu-jítsu e aficionado por motos, ele tinha prometido que "mataria no peito" o julgamento do mensalão. A mensagem foi entendida pelos petistas como um sinal de que ele ajudaria os petistas no processo, e o nome de Fux ganhou força entre os possíveis candidatos para o tribunal. Uma vez sentado no plenário, Fux fez o contrário do que prometera e votou pela condenação dos acusados.

Outro arrependimento de Dilma se deu com Edson Fachin, que tinha um histórico de apoiador do Movimento dos Trabalhadores Rurais sem Terra, o MST. Ele também tinha feito campanha para Dilma antes de ser indicado por ela para o STF. Petistas esperavam que ele votasse para impedir o início do processo de *impeachment* contra Dilma, mas acabaram desapontados.

Lula escolheu para o STF Joaquim Barbosa, pois queria indicar um ministro negro para a Corte. Depois de se tornar relator do mensalão, Barbosa teve brigas públicas com Lewandowski sobre o andamento do processo. Com isso, passou a ser hostilizado pelos petistas, que o consideraram um traidor. "O partido com o qual eu mais me identificaria seria com aquele PT antigo, não esse PT de hoje, tomado por bandidos, pela corrupção. O PT de antes da candidatura Lula", alegou Barbosa. Outras nomeações de Lula que acabaram saindo pela culatra foram as de Cezar Peluso e Carlos Ayres Britto. Certa vez, Lula se indignou com suas escolhas e falou: "Porra, ministro meu é o Gilmar, não aqueles que o Márcio [Thomaz Bastos] me fez indicar"[10]. Gilmar, só para lembrar, foi indicado por Fernando Henrique Cardoso. Até seu advogado pessoal Cristiano Zanin, indicado para o Supremo por Lula em 2023, leu votos que desagradaram a base petista. Em suas primeiras semanas no tribunal, ele foi contra a descriminalização das drogas e do entendimento que ofensas contra pessoas LGBTQIA+ devem ser consideradas como injúria racial. Depois de críticas amplas da esquerda a Zanin, Lula chegou até a defender que os votos do STF passassem a ser sigilosos — o que seria inconstitucional.

Então, ainda que alguns ministros usem o posto unicamente para prestar serviços a seus mentores, outros os decepcionam completamente. "Pelo menos até o governo Dilma, a evidência não confirmava que houvesse influência relevante da indicação presidencial. Ao contrário do que ocorre em tribunais inferiores, não há incentivo para o magistrado se alinhar com um político A ou B para conseguir uma promoção. Ele já está no topo da carreira e não há nada que um governo possa fazer para afetar sua posição. Com isso, um ministro pode ser muito independente", afirma o economista Pedro Fernando Nery, coautor da pesquisa "Como decidem os ministros do STF: pontos ideais e dimensões de preferências"[11].

Essa realidade está mudando. Após vários indícios públicos de traição, os presidentes do Brasil começaram a se preocupar em evitar decepções futuras. De maneira declarada, eles passaram a tentar se assegurar de todas as maneiras possíveis para que não ocorressem novas infidelidades. "Não é à toa que o presidente Lula, a partir de 2023, priorizou muito indicar alguém que fosse pessoalmente próximo a ele, como Cristiano Zanin, talvez pela percepção de que indicações anteriores não tenham sido tão alinhadas", diz Nery.

Esse processo de tentar garantir de qualquer jeito os votos futuros dos ministros começou um pouco antes de Lula, com Jair Bolsonaro. Na fase em que ele estava avaliando André Mendonça e Kassio Nunes Marques para o STF, Bolsonaro afirmou que o indicado precisava "tomar tubaína" com ele e "ter essa afinidade comigo". Após o ingresso de Nunes Marques, ele comemorou: "Hoje eu tenho 10% de mim dentro do Supremo". A ideia subjacente é de que um amigo de verdade seria sempre fiel, mesmo depois que Bolsonaro deixasse o poder. Em uma Corte que tem nas ações penais a maior parte do seu trabalho, esse é um atributo de muita valia. Lula, em 2023, seguiu na mesma linha. Ele dizia nos bastidores que queria alguém com quem tivesse liberdade de "trocar ideias". Acabou escolhendo seu advogado pessoal, Cristiano Zanin, e Flávio Dino, de sua inteira confiança.

Se os presidentes forem bem-sucedidos em controlar melhor os votos dos ministros do STF, então é possível que o tribunal brasileiro acabe adotando uma característica da Suprema Corte americana. Por lá, há uma previsibilidade muito maior de como irão votar os "*justices*", como são chamados os nove ministros. Isso ocorre porque o país tem basicamente dois partidos, o Democrata e o Republicano. Sendo assim, ministros escolhidos por um democrata tendem a votar sempre com os progressistas ("*liberals*", em inglês), enquanto os republicanos votam de maneira conservadora. No Brasil, decifrar qual é a filosofia de um ministro muitas vezes é um desafio e tanto. Há sempre muita margem para surpresas.

IMPARCIALIDADE

Mas há duas importantes diferenças entre Brasil e Estados Unidos nesse ponto. A primeira é que, enquanto o Brasil parece caminhar para a esquerda, os Estados Unidos vão no sentido oposto, com uma Corte cada vez mais conservadora. Foi essa alteração de perfil que permitiu, por exemplo, a anulação da decisão Roe *versus* Wade, que permitia o aborto em todos os estados da federação.

Outro ponto de divergência a ser destacado é que o comportamento dos *justices* americanos em nada se parece com o dos ministros brasileiros. Ainda que seus votos sejam mais previsíveis, eles são muito obedientes à tradição da imparcialidade. Lá como cá, eles são obrigados a tomar partido em algum momento, uma vez que em todos os seus processos precisam assumir um lado. Mas isso só ocorre após muita discussão e análise. A imparcialidade entre os americanos é principalmente no sentido de evitar comprometer-se publicamente com um ou outro lado, seja com um partido, uma pessoa ou um grupo organizado. Os *justices* americanos não se manifestam nas redes sociais, não participam de eventos políticos, não entram em discussões com cidadãos, não dão entrevistas para a imprensa, não participam de programas na televisão, não atacam inimigos políticos, não dão palestras em eventos corporativos e não participam de festas com autoridades da República.

Em novembro de 2023, a Suprema Corte americana divulgou um código de conduta. A decisão foi uma resposta a dois casos de conflitos de interesses envolvendo dois ministros. Um tinha aceitado viagens de luxo, pagas por um bilionário republicano, e o outro foi pescar no Alasca no avião de um administrador de fundos, envolvido em casos judiciais. Os casos, contudo, foram exceções, e o tribunal prontamente atuou para estabelecer regras e evitar novos problemas.

No Brasil, essas normas existem há tempos, mas são poucos os ministros que as respeitam. A Lei Orgânica da Magistratura Nacional (Loman), determina que os juízes só devem se manifestar nos autos dos processos. Eles não podem opinar sobre "processo pendente de julgamento, seu ou de outrem, ou juízo depreciativo sobre despachos, votos ou sentenças, de órgãos judiciais", exceto nos autos, no magistério ou em obras técnicas, diz a lei em seu artigo 36, III. Rosa Weber, que deixou a Corte em 2023, era considerada um exemplo, que não foi seguido por ninguém. Discreta, ela nunca deu entrevistas nos doze anos em que permaneceu no STF. Seus colegas da Corte, contudo, não se esforçam em nada para se mostrar como imparciais. E esse desleixo ficou mais evidente após a eleição de Lula, no final de 2022.

Desde então, foram inúmeros os atos políticos dos ministros do STF. Logo após a vitória de Lula, o ministro Luís Roberto Barroso respondeu com um "Perdeu, mané, não amola" a um manifestante que o abordou em Nova York. Em julho de 2023, Barroso participou de um congresso da União Nacional dos Estudantes (UNE), uma entidade de forte carga política e dominada pela esquerda desde sempre. "Esta é a democracia que nós conquistamos. Nós derrotamos a censura, nós derrotamos a tortura, nós derrotamos o bolsonarismo", disse Barroso. A politização foi tão descarada que até o presidente do Senado, Rodrigo Pacheco, uma pessoa de índole tranquila, reagiu indignado: "Se não houver um esclarecimento em relação a isso, mesmo uma retratação, até para se explicar a natureza do que foi dito, evidentemente que isso pode ser interpretado como uma causa de impedimento ou suspeição."

Em fevereiro de 2023, o ministro Gilmar Mendes partiu para o ataque contra o ex-procurador da Lava Jato, Deltan Dallagnol. Após ter o mandato cassado, Dallagnol pediu ajuda financeira aos seus apoiadores. Gilmar não perdoou. "Esses dias eu via o Dallagnol dizendo que quando saiu da Câmara e estava no avião, começaram a chover Pix. É o novo contato com a espiritualidade, a espiritualidade do dinheiro. Certamente já pode fundar uma igreja", disse o magistrado, zombando da religiosidade de Dallagnol. Três meses depois, Gilmar atacou a operação Lava Jato, que teve Curitiba como sede: "Curitiba gerou Bolsonaro. Curitiba tem o germe do fascismo. Inclusive todas as práticas que desenvolvem. Investigações à sorrelfa e atípicas. Não precisa dizer mais nada". Em uma entrevista para jornalistas, o ministro também se referiu ao governo de Jair Bolsonaro: "Nós estávamos sendo governados por uma gente do porão. Isso é um dado da realidade. Pessoas da milícia do Rio de Janeiro, com protagonismo na política nacional."

No início de 2023, Lewandowski foi a um evento do MST em Guararema, interior de São Paulo. Ao lado de João Pedro Stédile, o líder do MST que comanda invasões de terras, mostrou que tem um coração revolucionário de esquerda: "A democracia está em crise, todos dizem isso. Mas o que está em crise, na verdade, é a democracia representativa, liberal burguesa, a democracia dos partidos, na qual, tenho certeza, nenhum de nós se sente representado adequadamente. Essas crises sucessivas têm uma raiz profunda, que é o sistema político que, de fato, não nos representa."

Em agosto de 2023, Alexandre de Moraes falou na abertura de um seminário, enquanto também era presidente do Tribunal Superior Eleitoral. O tema era "democracia defensiva" que ele mesmo contextualizou: "Nós estamos vendo o crescimento de um populismo baseado na ideologia de extrema direita, mas um populismo que de forma inteligente passou a atacar a democracia internamente." Ele também afirmou que "houve uma verdadeira lavagem cerebral em grande parte da população para desacreditar instituições e a democracia".

Mesmo que se concorde com essas declarações dos ministros, que não se goste da extrema direita, dos partidos, do bolsonarismo, de Deltan Dallagnol ou da Lava Jato, a questão colocada aqui é se eles, na condição em que estão, deveriam assumir posturas políticas publicamente. Pois, toda vez que incorrem nessa prática, eles criam ao menos dois problemas. O primeiro é que passam a ser considerados como meros políticos, e passam a ser amados e odiados por causa disso. No relatório Índice de Confiança na Justiça, de 2021, 48% dos que responderam à pesquisa concordaram com a frase "os ministros do Supremo são iguais a quaisquer outros políticos".

O segundo problema é que eles levantam suspeitas sobre suas atuações como ministros. Afinal, teriam eles sido isentos ao julgar casos de deputados, senadores ou de presidentes e ex-presidentes, como Bolsonaro e Lula? Com falas tão contundentes, fica quase impossível considerar que eles julgam seus casos interpretando o que diz a Constituição ou analisando os casos. A impressão é que tudo o que fazem na Corte é trabalhar para defender suas visões de mundo, suas ideologias, suas opiniões e seus amigos. E todos os citados acima parecem se aproximar de Lula, do PT e da esquerda, ao mesmo tempo que atacam Jair Bolsonaro e a Lava Jato, indicando uma tendência na Corte.

Se fossem representantes eleitos pelo povo, nenhuma dessas declarações seria problemática. Mas, considerando que deveriam ser imparciais, essas falas configuram um enorme equívoco, que mancha a imagem do tribunal.

Pesquisas de opinião recentes dão a dimensão da rejeição que a população tem hoje ao STF. É grande a fatia dos brasileiros que não confia ou desaprova a Corte.

São elas:

AtlasIntel (fevereiro de 2024)
50,9% não confiam no STF
42,3% confiam

Datafolha (9 de dezembro de 2023)[12]
38% dos brasileiros desaprovam o trabalho dos ministros do STF
27% aprovam
31% consideram regular

Genial/Quaest (novembro de 2023)[13]
36% dos brasileiros desaprovam o STF
17% aprovam

ACESSO À JUSTIÇA

POUCO ANTES DA MEIA-NOITE de 7 de agosto de 2021, Douglas Zampieri Comiotti e Fábio Henrique Vieira dos Santos pularam o muro do pátio da empresa CVE Transportes, onde ficam carros apreendidos pela Polícia Militar, na cidade de Campos Novos, interior de Santa Catarina. Sem serem notados, eles roubaram um macaco automotivo enferrujado, um galão de combustível com a lateral cortada, um galão com capacidade de 5 litros e uma garrafa de plástico de 500 mililitros com um pouco de óleo. Acionada horas depois, a Polícia Militar analisou as imagens do circuito interno das câmeras de segurança e fez buscas nas imediações. Os policiais encontraram os suspeitos e os levaram para a delegacia. Lá, eles afirmaram que eram recicladores e que encontraram os objetos no lixo, nas imediações da empresa. Ao final, os bens foram restituídos. Fábio, que já cumpria pena por outros crimes, pegou prisão preventiva. Foi condenado a dois anos e vinte e seis dias de reclusão, em regime semiaberto. Douglas pegou dez meses e vinte dias de prisão em regime aberto.

A Defensoria Pública de Santa Catarina achou as penas desproporcionais e apelou para a segunda instância, sem conseguir atenuar as condenações. Quem então abraçou o caso foi o defensor público Gustavo de Almeida Ribeiro, que recorreu ao STF. Dessa forma, o furto de um macaco automotivo, dois galões vazios e uma garrafa PET com óleo — quatro objetos irrelevantes, avaliados por um perito em 100 reais — foi parar na mais alta Corte do Brasil.

STF - COMO CHEGAMOS ATÉ AQUI?

Não se trata de algo excepcional. Apesar de ter sido criado primordialmente para ser um tribunal constitucional, o STF vez por outra analisa roubos banais como esse de Campos Novos. Isso ocorre em grande parte por causa da ação da Defensoria Pública da União. Essa entidade, que tem enorme relevância em um país desigual como o Brasil, foi criada pela Constituição de 1988. Com recursos parcos e pouco pessoal no início, ela vem se tornando cada vez mais qualificada e eficiente. Seu objetivo é prestar assessoria jurídica aos carentes. "A Defensoria Pública é responsável pela orientação jurídica, gratuita e integral aos necessitados", diz o artigo 134 da Constituição.

Antes de 1988, o serviço era oferecido por alguns estados de maneira voluntária, por advogados e estudantes de direito, sem cobrança de honorários dos clientes. O estado do Rio de Janeiro foi o pioneiro ao dar essa assistência de forma profissional, com seis defensores públicos contratados, ainda em 1954[1]. Nos anos 1980, surgiram instituições públicas com esse fim, em estados como Minas Gerais e Mato Grosso do Sul. O que a Constituição de 1988 fez foi ampliar esse serviço profissional para todo o Brasil, com a criação de defensorias públicas em todos os estados e da Defensoria Pública da União, no nível federal.

Entre os atendidos normalmente estão imigrantes, desabrigados que perderam casas em desastres naturais, vítimas de tráfico de pessoas e catadores de lixo. Para solicitar esse serviço, uma pessoa precisa comprovar, com documentos, que não pode arcar com os custos de um advogado privado. Via de regra, os que são atendidos ganham até três salários mínimos.

A atuação desses defensores nos estados hoje faz com que casos em que pessoas carentes receberam um veredicto desfavorável na primeira instância suba para a segunda e para a terceira instância da Justiça, até chegar à Corte Suprema, em Brasília. Entre os processos recentes que fizeram essa peregrinação até o STF está o do analfabeto e alcoólatra Evanildo José Fernandes de Souza, que roubou uma bermuda em uma loja em Viçosa, no interior de Minas Gerais, em 2011. Ou o de João Santos, que

ACESSO À JUSTIÇA

furtou o equivalente a 81 reais em sacas de café, em 2018. Ou, ainda, o de Fernando Ferreira, que roubou quatro galinhas caipiras, avaliadas em 40 reais, na cidade de Monte Alegre de Minas, no Triângulo Mineiro. Esse caso foi parar no STF em 2014.

Nesses processos comezinhos, os defensores públicos pedem que a Justiça aceite o princípio da insignificância. Esse conceito, que não está na lei, mas já foi adotado por vários juízes, considera que uma punição mais grave não se justifica em algumas situações porque o valor furtado foi irrisório, porque os bens foram restituídos ou porque não houve violência na sua prática. Quando é aceito, após uma análise criteriosa, o princípio da insignificância faz com que o delito deixe de ser considerado crime.

No Brasil, apesar da determinação de muitos defensores públicos, o trabalho deles costuma ser infrutífero, principalmente no STF. Mesmo ministros que se dizem "garantistas", ou seja, que dizem respeitar mais os direitos dos acusados, são impávidos quando os réus são pobres. O analfabeto que roubou a bermuda foi condenado a um ano e sete meses de prisão. O ministro Dias Toffoli não aceitou o princípio da insignificância, mesmo após a bermuda ter sido devolvida à loja. Toffoli também se recusou a conceder a insignificância para o caso do ladrão de café, que tinha sido condenado a três anos, um mês e dez dias de cadeia[2]. O ladrão de galinhas de Minas Gerais também não teve um aceno amigo por parte do STF. O ministro Luiz Fux entendeu que a história não poderia ser considerada como um furto famélico, pois "a quantidade de galinhas furtadas é apta a indicar que o fim visado pode não ser somente o de saciar a fome"[3].

No crime de Campos Novos que abre este capítulo, os dois ladrões que roubaram o macaco, os galões e a garrafa PET também não contaram com a compreensão dos ministros. O garantista Lewandowski, indicado por Lula, negou-se a considerar o princípio da insignificância porque o furto, segundo ele, teria sido cometido em dupla e durante a noite. Lewandowski apenas abrandou as penas para o regime aberto. O também garantista Zanin, igualmente indicado por Lula, assumiu a relatoria do caso e manteve a condenação. "Os recorrentes aproveitaram-se do repouso noturno para, mediante escalada, apropriarem-se da res furtiva [coisa furtada]", escreveu Zanin em seu voto.

Na defesa dos dois réus, o defensor público Gustavo de Almeida Ribeiro enviou uma gravação em vídeo ao tribunal argumentando que não houve prejuízo às vítimas, porque os bens foram devolvidos. "Além de não ter havido prejuízo, porque os bens foram restituídos, difícil é dizer que eles tinham valor, com exceção feita talvez ao macaco", disse Ribeiro. "Será que o perito que avaliou essas coisas em 100 reais pagaria 100 reais por essas coisas? Tenho dificuldade até de chamar essas coisas de bens, porque elas parecem muito mais com coisas que podem ser jogadas no lixo."

Ribeiro também criticou a afirmação de que o fato de ter ocorrido durante a noite seria um agravante, uma vez que o furto foi em um estabelecimento comercial. "Eu sei que, quando há o ingresso em um domicílio, principalmente no período noturno, o Supremo Tribunal Federal é mais restritivo na aplicação da insignificância. Isso porque, muitas vezes, ainda que não haja confronto ou violência com um morador, o ingresso em uma casa à noite pode acabar gerando consequências mais gravosas. Mas, não. É preciso dizer que se trata de um estabelecimento comercial", disse Ribeiro.

Seus argumentos não foram considerados. "Impor condenação penal, e nós todos sabemos das consequências todas que resultam de uma condenação penal, pelo furto de coisas que não têm qualquer serventia ou não têm praticamente qualquer valor é bastante desproporcional em um país tão desigual como o nosso, em que há ainda muita miséria, muita fome, muito desemprego", afirmou Ribeiro na defesa. "Ninguém furta certas coisas para se enriquecer, para se locupletar."

A inclemência do STF com os pobres contrasta com a benevolência com corruptos que roubaram milhões ou bilhões de reais. Um dos casos mais paradigmáticos da complacência do tribunal com os ricos se deu com Lula. O político foi acusado de ter se beneficiado de 2,4 milhões de reais ilícitos — uma soma nada insignificante. O montante foi dado pela empreiteira OAS, que teria recebido ajuda do petista para ganhar contratos com a Petrobras. O valor incluía um tríplex na praia de Astúrias, no Guarujá, de 1,1 milhão, e mais 1,3 milhão em reformas e benfeitorias[4]. Mesmo condenado, Lula foi solto no dia 8 de novembro de 2019, após o STF mudar o entendimento sobre a prisão em segunda instância. Sua soltura é o que os juristas chamam de "fulanização": quando a Corte adota ou muda um entendimento que vale para todo o Brasil, para beneficiar uma única pessoa.

O apartamento do Guarujá, no edifício Solaris, tinha 215 metros quadrados. Era a melhor unidade do prédio. Antes, o condomínio tinha pertencido à Bancoop, uma cooperativa de bancários administrada por petistas que quebrou em 2010, após um escândalo de desvio de dinheiro dos associados. Mais tarde, acabou sendo passada para Lula. "A cobertura, porém, estava em nome da OAS, indício de que, remodelada e decorada para a família do [então] ex-presidente, constituía uma propriedade oculta", escreve o jornalista Ivo Patarra no livro *20 Anos de Corrupção*. O imóvel tinha três quartos, suíte, cinco banheiros, varanda *gourmet*, sauna e piscina. A OAS ainda construiu um elevador privativo para conectar os três pisos.

De início, Lula foi condenado a seis anos e nove meses de prisão por corrupção passiva e lavagem de dinheiro pelo então juiz Sergio Moro. Em seguida, o Tribunal Regional Federal da 4ª Região ampliou a pena para doze anos e um mês. Os advogados de Lula recorreram ao STF com um *habeas corpus*, que foi negado. Em abril de 2018, o petista foi preso.

Uma reviravolta ocorreu depois de Lula ficar quinhentos e oitenta dias preso em uma sala especial da Polícia Federal, em Curitiba. Em 7 de novembro de 2019, Lula foi solto um dia após o STF mudar seu entendimento de que a prisão de uma pessoa poderia ocorrer após condenação em segunda instância.

A decisão do STF se deu após várias idas e vindas sobre o assunto. Quando a Constituição de 1988 entrou em vigor, o STF entendia claramente que uma pessoa condenada na primeira e na segunda instância poderia ser presa. É o procedimento mais lógico, uma vez que as instâncias superiores, como o Superior Tribunal de Justiça ou o Supremo Tribunal Federal, não julgam o mérito do caso, apenas questões de direito. Quando os casos sobem para a terceira instância, portanto, não se discute mais se o réu é inocente ou não[5]. É por isso que as chances de que um condenado seja absolvido no STF ou no STJ são irrisórias. "Apenas 0,62% dos condenados em segundo grau foram absolvidos ao recorrer ao STJ", escreve Edilson Vitorelli no livro *Qual Ministro Eu Sou?*[6].

Em 2009, o STF mudou de opinião, e passou a entender que um condenado só poderia ir para o cárcere após o "trânsito em julgado". Ou seja, depois que todos os recursos fossem analisados, em todas as instâncias. Na época, o STF analisava o caso de um produtor de leite de Minas Gerais, condenado a sete anos e seis meses de reclusão por tentativa de homicídio qualificado. O fazendeiro Omar Coelho Vitor atirou cinco vezes em um homem que teria paquerado sua mulher em uma feira agropecuária. Com a ajudinha do STF, sempre garantista com os ricos, Omar nunca cumpriu pena.

Uma nova mudança ocorreu em 2016, quando o STF voltou a considerar a prisão em segunda instância, sem a necessidade de trânsito em julgado. E isso, claro, ocorreu quando a Corte estava julgando um pobre, o assistente de garçom Márcio Rodrigues Dantas. Com um amigo, ele assaltou um homem que trabalhava como cabo eleitoral, na cidade de Itapecerica da Serra, na Grande São Paulo. O crime ocorreu no momento em que a vítima se preparava para distribuir 2,6 mil reais às pessoas que tinham trabalhado em uma campanha. Márcio pegou cinco anos e quatro meses de prisão. Seu colega, seis anos e oito meses. A defesa de Márcio entrou com um pedido de *habeas corpus* no STF, alegando que os depoimentos das testemunhas e da vítima eram contraditórios e que, por isso, não havia como garantir que seu cliente fosse o culpado. O caso foi ao plenário do STF, que por 6 votos a 5 entendeu que deveria ocorrer o

ACESSO À JUSTIÇA

cumprimento da pena após a condenação em segunda instância. "Praticamente não se conhece no mundo civilizado um país que exija o trânsito em julgado", disse Gilmar Mendes, em 2016.

A decisão que manteve o assistente de garçom preso foi positiva ao país, pois ajudou na detenção de corruptos que estavam sendo investigados e acusados pela Operação Lava Jato. Foi assim até 2019, quando o STF novamente voltou atrás, livrando Lula da prisão. Gilmar Mendes, desta vez, votou para que se esperasse o trânsito em julgado, o mesmo expediente que ele tinha criticado três anos antes. A nova medida beneficiou dezenas de criminosos de colarinho branco que tinham sido presos em segunda instância na Lava Jato.

Outro caso de fulanização, em que o STF mudou a sua interpretação para beneficiar um réu rico, foi o do banqueiro Daniel Dantas, do banco Opportunity. Em 2008, ele foi conduzido algemado até a carceragem da Polícia Federal. A prisão se deu em meio à Operação Satiagraha, que investigava crimes financeiros e desvios de recursos públicos. Um mês depois da sua prisão, o ministro do STF Gilmar Mendes entendeu que o uso de algemas não tinha justificativa, o que fazia com que a prisão fosse ilegal. Surpreendentemente, Dantas foi solto. E não apenas ele. Outro banqueiro, Salvatore Cacciola, também tinha sido algemado da mesma maneira, e conseguiu a libertação. Por causa dessa decisão, mantida no plenário do STF, o uso de algemas passou a ser restringido em todo o país. Desde então, os presos só passaram a ter as mãos imobilizadas em casos excepcionais, quando se percebe uma ameaça concreta à segurança alheia.

Há interessantes explicações para o comportamento desigual do STF — inclemente com os pobres, tchutchuca com os ricos. A primeira é de ordem antropológica. Embora o país tenha deixado de ser uma monarquia com a proclamação da República em 1889, algumas instituições e costumes hierárquicos permaneceram. Por causa disso, o conceito republicano de que todos são iguais perante a lei ainda hoje convive com uma nobreza disfarçada. Vivemos, então, em um mundo paradoxal, em que uma elite aristocrática mantém poder dentro de uma República, regime que jamais poderia aceitar tal coisa.

Esse paradoxo reverbera dentro do STF. De um lado, o Supremo foi fundado nos primeiros anos da República com a premissa de que todos devem ter acesso igual à Justiça. A ampla rampa de mármore branco que conduz à porta do STF, em Brasília, foi construída para permitir o acesso do povo ao tribunal. De fato, as sessões do plenário em Brasília são sempre abertas para qualquer um, bastando que se apresentem os documentos de identidade na entrada.

Mas a filosofia democrática e republicana tromba no primeiro dos seguranças que monitoram o público dentro do prédio envidraçado. Sempre que os ministros entram e saem da sala, eles obrigam todos a ficar de pé, em sinal de deferência. O regulamento interno da Corte obriga todos a se dirigir aos ministros como "vossas excelências". E eles ainda usam uma linguagem empolada que dificulta a compreensão pelo cidadão simples, a ponto de vez por outra se referirem ao tribunal como "Pretório Excelso", "Egrégio Pretório Supremo" ou "Excelso Sodalício". Ao redor da grande mesa em "U", capinhas apressados correm de um lado para o outro para executar os trabalhos mais simples, como trocar os copos de água da mesa dos ministros ou inserir senhas nos computadores, algo que os ministros poderiam perfeitamente fazer sozinhos. Quase tudo no plenário denota uma ordem de mundo fortemente estratificada, baseada em convenções ultrapassadas.

Para o antropólogo Roberto DaMatta, o elitismo do STF tem raízes nas Ordenações Manuelinas e Filipinas que vigoraram no Brasil até o início do século 19. Ao punir os pobres e safar os ricos, os atuais ministros repetem os comportamentos dos antigos juízes, ainda da época da Colônia ou do Império. "A estrutura social que herdamos dos portugueses era muito escorada na figura do rei e na dos juristas que eram próximos a ele. Eles puniam algumas pessoas e castigavam outras, mesmo que cometessem o

ACESSO À JUSTIÇA

mesmo crime. Era uma tradição antiga e secular do Brasil, que continua presente", diz DaMatta[7]. "Tudo depende de quem é o acusado."

Essas Ordenações eram amontoados de leis da coroa portuguesa. As Manuelinas foram organizadas ainda em 1512 para ajudar o rei Manuel I a impor o seu domínio em todo o Império Português. No século seguinte, elas foram substituídas pelas Filipinas, na época do rei Felipe I, que vigoraram até 1830, quando foi introduzido o Código Criminal do Império.

Essas compilações tinham por objetivo manter a ordem no reino. Mas não era uma ordem qualquer. Tratava-se de assegurar a continuidade de uma estrutura fortemente hierarquizada, em que os cidadãos já tinham seus lugares estabelecidos ao nascer. O rei era a cabeça desse corpo social e os escravos, seus pés. Nesse sistema, a punição desigual — em que "o de cima sobe e o de baixo desce" — tinha uma função pedagógica: a de reforçar uma graduação entre os indivíduos, que tinham diferentes "qualidades".

Segundo as Ordenações Filipinas, se uma mulher fosse pega em adultério, ela e o amante seriam mortos pelo marido traído. Mas havia uma exceção, caso o esposo fosse peão e o adúltero, "fidalgo ou nosso desembargador ou pessoa de maior qualidade".

Quem blasfemasse contra Deus ou contra os santos era punido segundo a condição social. Se fosse fidalgo, pagava 20 cruzados e passava um ano de degredo na África. Se fosse cavalheiro ou escudeiro, tinha de pagar 4 mil réis e cumprir um ano de degredo. Mas, se fosse peão, tinha de pagar 2 mil réis e era açoitado publicamente.

Um fidalgo que botasse fogo nos bens de outra pessoa teria de vender os próprios bens para pagar o prejuízo. Mas, se um escravo fizesse isso, sofria açoites públicos, e o seu senhor tinha de arcar com o dano causado pelo seu cativo. Em geral, as punições físicas eram reservadas aos escravos, discípulos, empregados de casa, esposas, filhos e servidores de navios[8].

Outro paralelo que pode ser feito entre as Ordenações e o STF atual está na definição de quem pode lidar com os membros da elite que cometem crimes. No primeiro livro das Filipinas, é descrito quem poderia ser um meirinho-mor, o oficial de Justiça que cumpria os mandados. Esse cargo público não era para qualquer um. "O meirinho-mor deve ser homem muito principal e de nobre sangue, que as causas de muita importância, que lhe per nós, ou per nossas Justiças requeridas, possa bem fazer. [...] E a seu ofício pertence prender pessoas de Estado, e grandes fidalgos, e senhores de terras, e tais, que as outras Justiças não possam bem prender [...]."

Segundo o juiz federal Hugo Otavio Tavares Vieira, ex-procurador do estado de Goiás, a regra é de um elitismo doentio. "Existia um meirinho especial para prender nobres. Em outras palavras, um criminoso nobre não podia ser preso, nem sequer tocado, por um pobre. O malandro nobre só podia ser preso por um funcionário de sua própria estirpe. Isso ia além de uma sociedade aristocrática. Era uma sociedade de castas", escreve Vieira[9]. Uma versão atual do meirinho-mor de sangue azul está no foro por prerrogativa de função, que estabelece que alguns cargos, como o de deputado e senador, só podem ser julgados pelo STF. Com isso, esses políticos acabam sendo julgados por uma Corte mais branda, despreparada para julgar casos penais e com ministros acessíveis. Não é à toa que esse expediente é conhecido no Brasil como "foro privilegiado". Outro fato recente do STF que lembra os do passado aristocrático é a soltura do banqueiro Daniel Dantas, depois de ele ter sido algemado por um simples policial.

Pelas Ordenações Filipinas, o rei e os membros da monarquia jamais poderiam ser criticados. Diz o livro quinto, título VI: "Lesa-Majestade quer dizer traição cometida contra a pessoa do rei, ou seu Estado real, que é um crime tão grave e abominável, que os antigos sabedores o estranharam e o comparavam à lepra; porque assim como essa enfermidade enche todo o corpo, sem nunca mais se poder curar, e espalha ainda aos descendentes de quem a tem, e aos que com ele conversaram, assim o erro da traição condena o que a comete, e espalha e infama os que de sua linha descendem[10]." Assim, não somente aqueles que criticavam o poder eram condenados como também seus descendentes. Era considerado o pior crime que alguém poderia cometer. Da mesma maneira, no Brasil

ACESSO À JUSTIÇA

atual, quem ousa falar mal dos ministros do STF tem medo de sofrer censura ou ser incluído em um inquérito sigiloso.

Pode-se considerar ainda que os capinhas do plenário têm um pé nas Ordenações. Isso porque esses compêndios de leis regiam nos mínimos detalhes a máquina estatal, e promoviam uma multiplicação desenfreada de cargos. Havia os inquiridores (responsáveis por interrogar testemunhas), os porteiros, os pregoeiros (que anunciavam coisas com a voz), os contínuos e os caminheiros (que transportavam os processos entre um tribunal e outro, de uma comarca para outra). As funções de cada um deles eram descritas em detalhes nas tais Ordenações.

A adoção de princípios liberais na Constituição de 1824, após a independência, deveria ter limitado essas distinções e costumes arcaicos. Mas a continuação da escravidão ajudou a postergar essa visão de mundo. "O Brasil tornou-se independente no século 19 com muitas contradições, é verdade, mas com uma constituição liberal. A meu ver, o principal elo com o passado foi a manutenção da legalidade da escravidão até 1888, que obrigou a Justiça a perpetuar práticas típicas das sociedades do chamado Antigo Regime. A legislação e os tribunais tiveram que continuar, por isso, a conviver com leis, penas e julgamentos tidos por alguns juristas contemporâneos como excepcionalidades", diz o historiador Ricardo Alexandre Ferreira, da Universidade Estadual de São Paulo, em Franca[11].

Durante o Império, um dos hábitos mais marcantes foi a concessão de títulos nobiliárquicos, como barão, visconde ou duque. Enquanto na Europa o costume era que alguém herdasse esses títulos, no Brasil eles podiam ser comprados. A prática se tornava mais comum quando o imperador precisava ganhar apoio político ou estava com problemas financeiros. Aproximadamente trezentos cafeicultores de Rio de Janeiro, São Paulo e Minas Gerais adquiriram esses títulos na época do Império. Eram os barões do café[12]. Era uma relação de mão dupla. "Traficantes de escravos, fazendeiros, donos de engenho, pecuaristas, charqueadores e comerciantes davam o apoio político, financeiro e militar necessário para a sustentação do trono. Em troca, recebiam do monarca posições de influência no governo, benefícios e privilégios nos negócios públicos e, especialmente, títulos de nobreza", escreve Laurentino Gomes no livro *1889*.

A proclamação da República, em 1889, não acabou com esse mundo aristocrático. A nova Constituição dizia que "a República não admite privilégios de nascimento, desconhece foros de nobreza e extingue as ordens honoríficas existentes e todas as suas prerrogativas e regalias, bem como os títulos nobiliárquicos e de conselho". Contudo, os ministros do nascente tribunal mantiveram os títulos de nobreza que tinham ganho durante o Império[13]. O Supremo nasceu com três barões (barão de Pereira Franco, barão de Sobral, barão de Lucena), presididos por um visconde, o de Sabará.

Algumas partes das Ordenações Filipinas vigoraram no Brasil até 1916, mesmo depois de já terem sido revogadas em Portugal. Em 1917, a entrada do Código Civil brasileiro também deveria ter dado um fim definitivo a elas. Mas, surpresa, as Ordenações serviram para resolver casos no Brasil no Superior Tribunal de Justiça, em 1997 e 2001[14]. As regras que mantinham uma sociedade hierarquizada não foram canceladas de imediato, e muitas continuam valendo ainda hoje, ainda que não estejam codificadas na legislação.

Uma segunda explicação para o STF ser benevolente com os ricos e cruel com os carentes é de ordem comportamental. De acordo com o defensor público da União Gustavo de Almeida Ribeiro, que trabalha há vinte e um anos no STF, as decisões contrárias aos mais pobres podem ter relação com a enorme distância a que os ministros estão deles. "Essas pessoas humildes que roubam coisas banais para sobreviver muitas vezes estão na miséria completa. Elas estão muito longe do poder, da realidade de Brasília", diz Ribeiro. "Por outro lado, quando o indivíduo é rico, branco, ou tem posição melhor, os juízes se sentem mais próximos e acabam sendo mais compreensivos. Eles olham para o réu e imaginam que podia ser um filho, um sobrinho, um amigo do filho[15]."

Essa sensação de cercania com os acusados ricos não é apenas uma questão de identificação. Ela também se materializa nos vínculos pessoais que se formam em torno dos ministros. É comum que eles conheçam pessoalmente muitos dos réus endinheirados ou seus advogados.

Em todo o Brasil, o advogado que tem melhor trânsito com os ministros do STF é o criminalista Antônio de Almeida Castro, o Kakay. Em janeiro de 2019, ele publicou nas redes sociais uma foto de bermuda branca, camiseta e tênis branco em um corredor do Supremo. A imagem gerou indignação, pois o tribunal impõe a todos um rígido código de vestimenta. Para os homens, pede-se terno, gravata e sapato social. Para as mulheres, terninho ou um vestido acompanhado de *blazer* ou casaco. Kakay se desculpou mais tarde, mas o desfile com traje de verão no Supremo foi uma clara demonstração de que ele tem uma liberdade na Corte que mais ninguém tem.

Três anos depois, Kakay protagonizou outro evento que indicou essa proximidade com os ministros. Após a diplomação de Lula, cerimônia que ocorreu para comprovar a sua vitória na eleição de 2022, Kakay promoveu uma festa com samba em sua mansão em Brasília. Além do presidente eleito, ele contou com a presença dos ministros do STF Alexandre de Moraes, Ricardo Lewandowski e Dias Toffoli.

Em uma gravação do programa *Manhattan Connection*, em abril de 2021, Kakay admitiu esse poder de influência, que ele usa como trunfo para arrebanhar novos clientes e elevar o valor de seus honorários. Segundo Kakay disse na entrevista, ele já teve como clientes quatro presidentes e noventa governadores de estado. Jair Bolsonaro também teria solicitado seus serviços, mas Kakay teria negado, segundo sua versão. Só na Lava Jato, o advogado teve quarenta clientes.

Kakay também foi o autor da medida cautelar que levou o STF a defender a necessidade do trânsito em julgado. Com a reversão do entendimento de prisão após condenação em segunda instância, abriram-se as portas das prisões para muitos corruptos. O advogado afirma que não trabalhou para Lula, que foi libertado após essa decisão. Seu interesse então

STF - COMO CHEGAMOS ATÉ AQUI?

poderia ser o de impedir que os corruptos fossem presos em segunda instância, sem chances de chegar ao Supremo, onde ele atua há quarenta anos. Com a tese do trânsito em julgado sendo a vencedora, Kakay manteve o seu lucrativo negócio funcionando: os casos de corruptos endinheirados continuaram subindo para a Corte Suprema.

No mesmo programa *Manhattan Connection*, Kakay ouviu algumas verdades do jornalista Diogo Mainardi: "Você construiu sua carreira sussurrando na orelha de ministros do STF e no STJ. Que história é essa? Eu até prefiro falar com você sobre outros assuntos, porque me vem ânsia de vômito ouvir esse seu discurso". Kakay respondeu dizendo que Mainardi seria um humorista mal-humorado e sem inteligência. Mainardi retrucou: "Você está atrás de cliente aqui no nosso programa. Você precisa mostrar que tem acesso... A impunidade é a grande piada brasileira". A briga escalou até que Mainardi saiu-se com esta: "Como diria Olavo de Carvalho, vai tomar no c...". No mês seguinte, Mainardi pediu demissão do programa.

Kakay não é um advogado cujos honorários possam ser pagos por qualquer brasileiro. Um recibo encontrado durante uma batida da Polícia Federal no escritório do banqueiro Daniel Dantas achou uma nota fiscal de 8 milhões de reais para pagar os honorários do advogado. Questionado sobre isso, Kakay afirmou: "Acho bom que isso tenha vazado porque ficam sabendo o meu preço e não tentam pechinchar[16]."

Para os corruptos e criminosos que podem pagar os honorários de advogados como Kakay, a Justiça é branda. Para todos os demais, conseguir que o caso chegue ao STF é uma tarefa hercúlea, quase impossível. Após uma sentença negativa na primeira instância, é preciso recorrer na segunda instância e depois tentar novamente. Também é necessário escapar com sucesso de todos os recursos possíveis (e tudo isso gastando muito dinheiro com advogados, claro). Ou conseguir que o seu caso, por mexer com alguma questão constitucional, possa pular degraus e ir direto ao STF.

Mas, mesmo que essa pessoa consiga levar o seu caso ao STF, não há garantia de que haverá julgamento. O tribunal não funciona como uma

ACESSO À JUSTIÇA

máquina que automaticamente analisa tudo o que é apresentado, por ordem de chegada. Há uma fila enorme de processos esperando a vez em Brasília para serem admitidos e, depois, julgados. E é neste momento em que o acesso à Justiça se torna mais escandalosamente desigual.

Quando um processo chega ao Supremo, ele é distribuído, por sorteio, para um dos onze ministros, que com isso assume a função de ser o seu relator. Ele irá ler o caso, reunir a documentação, as provas e escrever um texto com o seu posicionamento, o seu voto. Ao final, esse ministro dirá que o caso está pronto para ser julgado e compartilhará seus achados com os demais.

Mas um relator pode muito bem pegar um caso e sentar em cima dele, sem fazer nada por anos. Não há ninguém que possa pressioná-lo para que ele tome alguma providência ou seja célere. E não apenas o processo pode ficar parado para sempre como ainda existe a possibilidade de um ministro, em vez de dar prosseguimento a um caso que acabou de chegar, resgatar um que está parado há décadas, e que acabou caindo em suas mãos porque o seu antigo relator se aposentou. Enfim, os ministros fazem o que bem entendem. E é por isso que conseguir influenciá-los, de alguma maneira, é algo tão valorizado.

Um bom lobista em Brasília, com contato direto com um ministro do STF, pode conseguir que ele pegue um processo que está parado, no fundo do arquivo, e declare que o caso está pronto para ser julgado. A partir daí, é preciso que o presidente do STF — cargo que é ocupado por um dos ministros de maneira rotativa, por dois anos — inclua o caso na agenda do plenário, que se reúne às quartas e quintas. Ou o caso pode cair em uma das duas turmas, que se encontram às terças. O gargalo aí também é enorme. Por semana, o Supremo tem mais de setecentos processos prontos para julgamento, que já foram liberados pelos relatores[17], mas que ficam aguardando a vez. O presidente do STF só pinça dois ou três para julgamento por semana. Caso a discussão de um deles se estenda e não haja tempo para um deles ser discutido, o assunto cai em um limbo jurídico, sem nenhuma garantia de que voltará a ser julgado. Se alguém reclama de que um determinado processo importante não é colocado na agenda, então a desculpa é de que há um volume muito grande de casos esperando a vez, e que não é possível privilegiar um ou outro. Os critérios são totalmente subjetivos.

Uma expressão usada pelos advogados para explicar o que acontece em Brasília é o de "justiça telefônica". Aquela pessoa que tem como ligar para um ministro ou mandar uma mensagem de texto pelo celular tem um poder de barganha enorme e com isso consegue receber um tratamento diferenciado da Justiça. Trata-se de um privilégio totalmente inacessível para os demais brasileiros. Esse poder do telefone é especialmente importante quando o STF julga ações penais de corruptos, que com isso têm mais chances de ficarem impunes. Quando a Lava Jato ainda estava operante, isso era um diferencial gigantesco. "Num contexto em que a crise política se agrava e cada vez mais são descortinados esquemas de corrupção nos mais altos cargos da República, o acesso direto de políticos e autoridades públicas investigadas em processos criminais a ministros do STF é algo que retira a própria credibilidade da Justiça e coloca dúvidas sobre a sua capacidade de corrigir as disfunções e combater a corrupção nas instituições representativas brasileiras", escreve Francisco Castagna Lunardi, no livro O STF *na política e a política no* STF[18].

Para entender o tamanho do disparate, vale um comparativo com a Suprema Corte americana, aquela que serviu de inspiração para o tribunal brasileiro. Nos Estados Unidos, mais de 7 mil processos batem à porta da Suprema Corte todos os anos. A maior parte vem de instâncias inferiores, em que alguém entrou com recurso. O tribunal então escolhe cem e cento e cinquenta para julgar, normalmente usando o critério de que eles podem ter um significado nacional ou que podem contribuir para harmonizar a legislação existente. O ano começa em outubro, com o anúncio dos casos que foram selecionados. A partir daí, os americanos já sabem tudo o que vai ser decidido nos próximos doze meses. Nada é engavetado ou cai no limbo. As sustentações orais dos advogados costumam acabar em junho ou julho do ano seguinte, e a divulgação dos veredictos ocorre sem data marcada, no segundo semestre. Durante todo o percurso, os *justices* são, por lei, proibidos de conversar extraoficialmente com os advogados de uma das partes interessadas em um caso sob análise.

A idiossincrasia da "justiça telefônica" brasileira já causaria enorme apreensão devido ao desenho institucional do nosso Supremo, que dá muita liberdade para os ministros tomarem decisões políticas. Mas há um fator que eleva ainda mais o aspecto daninho desse comportamento. Sendo o Brasil um país em que as regras só valem para os outros, os ministros do STF se permitem receber essas pressões de fora e se misturam com políticos, empresários e pessoas investigadas, permitindo que esse tráfico de influência ocorra de múltiplas formas, muito além de um simples telefonema.

Entre os exemplos dessa promiscuidade está a estadia do ministro do STF Dias Toffoli na casa de veraneio de Fábio Faria, na Praia de Pirangi, no Rio Grande do Norte, em janeiro de 2022. Faria era o ministro das Comunicações e seu pai, Robinson, respondia a uma investigação por corrupção no STF, em que Toffoli era o relator[19]. No mesmo ano, o ministro do STF Nunes Marques foi para Paris assistir à final de futebol da Champions League. O ministro viajou no jatinho do advogado Vinícius Peixoto Gonçalves, dono de um escritório no Rio de Janeiro e que tinha processos pendentes no STF[20].

Frequentemente, os ministros se sujeitam a esse tipo de abordagem. E ainda fazem isso em bandos. Uma das maneiras em que isso mais tem ocorrido é em eventos promovidos por entidades empresariais ou corporativas. Neles, os magistrados são convidados como painelistas. Nos anúncios desses encontros, a presença confirmada das vossas excelências costuma ser usada como principal chamariz.

O Lide, Grupo de Líderes Empresariais, fundado em 2003 pelo empresário e ex-governador de São Paulo João Doria, é uma das organizações que mais propagandeiam os ministros do STF em seus panfletos. Apesar de ostentarem nomes em inglês e serem realizados no exterior, como o "Lide Brazil Conference — New York" e "Lide Brazil Conference — Lisbon", os encontros são feitos para um público formado por brasileiros e a língua oficial é o português. Na conferência do Lide que ocorreu em Lisboa em fevereiro de 2023 havia quatro ministros do STF: Gilmar Mendes, Ricardo Lewandowski, Alexandre de Moraes e Luís Roberto Barroso.

Essa praga contamina todo o Judiciário brasileiro. Grupos, associações e empresas patrocinam e promovem eventos em hotéis de luxo no Brasil e no exterior, em que os magistrados das principais cortes brasileiras são convidados. Em março de 2023, uma reportagem publicada no jornal *Estadão* pelo jornalista Luiz Vassallo somou o valor de trinta causas que essas entidades tinham na Justiça e encontrou o número espantoso de 158 bilhões de reais[21]. À espera de decisões que podem ter um impacto profundo em seus negócios, essas empresas buscam se aproximar ao máximo possível dos magistrados para tentar se relacionar. O maior encontro do gênero no país é o Congresso da Associação dos Magistrados do Brasil (AMB), uma entidade de classe. "Painelistas ficaram em um hotel cinco estrelas. Houve show para duas mil pessoas. A operadora de turismo do congresso ofereceu um cupom de 20% de desconto para o aluguel de lanchas", narra Vassallo. Do STF, quem estava presente era o ministro Luiz Fux.

Mas a AMB não é apenas uma entidade de classe. É também uma organização privada, que tem seus próprios interesses no STF. Um ano após a promulgação da Constituição de 1988, a AMB ajuizou e ganhou uma ação pedindo que o teto remuneratório, que limita os vencimentos de juízes de todo o Brasil ao dos ministros do STF, não incluísse privilégios paralelos, os conhecidos "penduricalhos". Com isso, três em cada quatro juízes ganham mais do que o teto constitucional, de acordo com um levantamento do jornal *O Globo*, de 2016[22].

Outra causa que a AMB ganhou foi a decisão do STF, de 2023, de considerar inconstitucional o trecho do artigo 144 do Código de Processo Civil, que impedia que os ministros do STF julgassem casos de escritórios de seus parentes. Com a vitória da AMB, juízes do Brasil todo ficaram livres para não se declarar impedidos quando esposas, filhos e outros parentes integravam os escritórios de uma das partes.

É costume da AMB patrocinar algumas festas para ministros quando entram no Supremo ou quando se tornam presidente da Corte. Em agosto de 2023, a entidade realizou uma festa para Cristiano Zanin para quatrocentos convidados e cobrou ingressos a 500 reais. No mês seguinte, outra festa foi feita, desta vez para celebrar o início da presidência de Luís Roberto Barroso no STF. Desta vez, participaram 1.200 pessoas e cinco ministros do STF, além de Barroso: Edson Fachin, Alexandre de Moraes, Cristiano Zanin, Dias Toffoli e Gilmar Mendes[23]. Com seis ministros presentes, a AMB alcançou a cota para aprovar qualquer coisa no plenário do STF. Muitos dos que pagaram 500 reais pelo ingresso da festa, mais do que ver Barroso cantando um samba, queriam estar ao lado das vossas excelências e ganhar acesso privilegiado à Corte, algo que a grande maioria dos brasileiros não pode nem sonhar.

Um ponto que torna o acesso à Justiça no Brasil ainda mais desigual é que os ministros não apenas se sujeitam a esse tipo de coisa como ainda mantêm negócios próprios. Eles têm sócios, parceiros e fornecedores, com os quais comungam os mesmos interesses e que um dia podem ter um caso sendo admitido no STF. Gilmar Mendes é um dos três donos do Instituto Brasileiro de Ensino, Desenvolvimento e Pesquisa, o IDP, e costuma aparecer nas imagens de propaganda da faculdade nas redes sociais. Em conversa com o jornalista Luiz Maklouf Carvalho, Gilmar disse, em um dia em que ele estava dando aulas, que não via conflito de interesses em sua presença na faculdade. "Eu tenho que vir, porque muitos se matriculam por causa do meu nome", disse[24]. Gilmar ainda tem diversas propriedades rurais em seu estado, o Mato Grosso[25].

O ministro Dias Toffoli se envolveu em um negócio ainda mais estranho. Seus irmãos José Carlos e José Eugênio entraram como sócios do Tayayá Park, em Ribeirão Claro, no Paraná. Segundo revelou o jornalista Claudio Dantas em *O Antagonista*, os dois fizeram um aporte de 370 mil reais e passaram a deter 33,33% do negócio. O detalhe curioso é que José Carlos era padre na Paróquia Sagrada Família de Marília, em São Paulo, sendo conhecido como padre Carlão. Na Câmara Municipal de Ribeirão Claro, Toffoli até recebeu uma homenagem por ter "colaborado para o desenvolvimento e incremento turístico do município de Ribeirão Claro, notadamente por meio do apoio decisivo na implantação da empresa Tayayá Aquaparque Hotel e Resort". O empreendimento foi investigado pelos procuradores da Lava Jato. A suspeita era que Toffoli, um visitante frequente do local, seria um sócio oculto[26]. Menos de dois meses depois de publicada a notícia em *O Antagonista*, o irmão de Toffoli que é padre se afastou de sua paróquia. Ele afirmou que estava "em tempo para descanso, fortalecimento espiritual, apostólico e também de estudo[27]".

Antes de fechar este capítulo, vale chamar a atenção para mais um detalhe da suprema injustiça brasileira. Os pobres não apenas estão longe de ter o mesmo acesso ao Judiciário que os corruptos, os grandes empresários ou aqueles que gastam 500 reais para comprar ingressos nas festas da AMB. São eles também que pagam as contas do Judiciário.

De tudo o que é arrecadado pelo governo na forma de impostos, 6% vai para sustentar o Judiciário, que tem independência para administrar esses recursos. O modelo é conhecido como duodécimo constitucional. O valor total, de 100 bilhões de reais, é seis vezes maior do que os gastos com educação básica e vinte e duas vezes maior do que os com saneamento básico. Mas os pobres, como não têm patrimônio, praticamente não fazem uso da Justiça. Quando seus casos são levados, pela Defensoria Pública da União, para o STF, eles são tratados com rigor excessivo. "Os mais pobres, portanto, não têm muito acesso à Justiça. Contudo, eles pagam por todos esses custos, por meio dos impostos indiretos. É algo profundamente injusto", disse o advogado empresarial Luciano Timm, professor na Fundação Getúlio Vargas, em São Paulo, em entrevista para a revista *Crusoé*[28].

Enquanto isso, os ministros do STF viajam em jatinhos da Força Aérea Brasileira, a FAB. O luxo foi solicitado no ano de 2023 ao ministro da

ACESSO À JUSTIÇA

Justiça Flávio Dino (depois empossado ministro do STF), sob a alegação de que as vossas excelências estariam se sentindo constrangidas e ameaçadas em aeroportos do Brasil[29]. Os ministros não precisam mais comprar passagens e pegar filas nos terminais, como reles mortais. Eles também não pegam fila na Polícia Federal, porque o Ministério de Relações Exteriores, o Itamaraty, dá a eles e a seus cônjuges passaporte vitalício, mesmo quando já estão aposentados. As regalias não param aí. Os ministros têm dois meses de férias anuais, mais o recesso judiciário de 20 de dezembro a 6 de janeiro. Além dos onze feriados nacionais, os magistrados do STF tiram folga em 11 de agosto, o Dia do Advogado, e 8 de dezembro, o Dia da Justiça. Também gozam de uma isenção de quase 30% do imposto de renda, assim como outros membros da elite do funcionalismo público brasileiro[30].

Quando se amplia o foco para olhar todo o Judiciário brasileiro, constata-se um caso clássico de Robin Hood às avessas, em que se rouba dos pobres para dar aos ricos. Em 2015, o estudo "O custo da Justiça no Brasil: uma análise comparativa e exploratória" mostrou que o país gasta 1,3% do PIB com o Judiciário. O valor equivale a 2,7% do total gasto pela União, pelos estados e pelos municípios no ano de 2013 e a 306,35 reais por habitante. É como se cada brasileiro tivesse tirado do bolso mais de 300 reais para pagar a Justiça em 2013[31].

Comparando com outros países, o 1,3% do PIB gasto com o Judiciário no Brasil é o que o autor, Luciano Da Ros, chama de um "caso desviante". A Espanha gasta 0,12%. Argentina, 0,13%. Estados Unidos, 0,14%. Inglaterra, 0,14%. Itália, 0,19%. Colômbia, 0,21%. Chile, 0,22%. Portugal, 0,28%. Alemanha, 0,32%. Venezuela, 0,34%. "O orçamento destinado ao Poder Judiciário brasileiro é muito provavelmente o mais alto por habitante dentre todos os países federais do hemisfério ocidental", escreve Luciano Da Ros.

O brasileiro pobre, assim, carrega um peso extra para financiar o nosso Judiciário, apesar de quase nunca usá-lo. Nas raras vezes em que isso ocorre, ele ainda tem de lidar com a impetuosidade dos ministros do STF.

LIBERDADE DE EXPRESSÃO

UMA MULHER VESTINDO TERNINHO apresentou-se como oficial de Justiça na recepção da empresa Regus, de aluguel de salas, no centro de Brasília, pouco depois das onze horas da manhã da segunda-feira, 15 de abril de 2019[1][2]. Carregando uma pasta, ela pediu para falar com um representante da revista *Crusoé*, do site *O Antagonista*, que funcionava em uma sala minúscula e sem janelas, onde só cabiam seis pessoas. Quem a atendeu foi o primeiro jornalista a chegar à redação naquele dia, Mateus Coutinho. Depois de caminhar por entre salas de corretores de imóveis, empresas de investimentos, técnicos de informática e vendedores, Coutinho cumprimentou a visitante, que lhe deu um envelope. Dentro dele, estava a cópia de uma decisão do ministro do STF Alexandre de Moraes.

Em três páginas, Moraes ordenava que a revista *Crusoé* e o site *Antagonista* tirassem imediatamente do ar a matéria "O amigo do amigo de meu pai" e "todas as postagens subsequentes que tratem sobre o assunto, sob pena de multa diária de 100 mil reais". O documento também dizia que "a Polícia Federal deverá intimar os responsáveis pelo site *O Antagonista* e pela revista *Crusoé* para que prestem depoimentos no prazo de 72 horas"[3]. Horas depois, um oficial entregou outra intimação no apartamento onde vivia o diretor da redação, Rodrigo Rangel.

As duas intimações faziam parte do inquérito das *fake news*, criado no mês anterior pelo ministro e presidente do STF, Dias Toffoli. Seu alegado propósito era o de apurar "notícias fraudulentas [fake news],

LIBERDADE DE EXPRESSÃO

denunciações caluniosas, ameaças e infrações revestidas de animus calumniandi, diffamandi e injuriandi, que atingem a honorabilidade e a segurança do Supremo Tribunal Federal, de seus membros e familiares".

Tratava-se de uma aberração jurídica. Para começar, o inquérito brotou da cabeça de Toffoli. Ou seja, o STF não estava reagindo a uma provocação da Polícia Federal ou do Ministério Público. Estava, pelo contrário, atuando "de ofício", como se fala no jargão jurídico. Foi o Judiciário que tomou a iniciativa, sozinho, de instaurar o inquérito, uma prática totalmente descartada em tribunais constitucionais, como a Suprema Corte americana.

Para justificar o disparate, Toffoli sacou do fundo da gaveta o artigo 43 do Regimento Interno do tribunal, que autoriza o seu presidente a começar um procedimento de forma excepcional, com poderes investigativos, em caso de infração à lei penal na sede ou nas dependências da Corte. A norma foi feita pensando em crimes que poderiam ocorrer dentro do espaço físico do STF. O que Toffoli fez, de maneira ardilosa, foi ampliar o seu escopo, para que um inquérito criminal pudesse ser feito contra qualquer um que criticasse a Corte pela internet.

Uma pessoa que reclamasse do STF usando uma conta de redes sociais de um computador no Rio Grande do Sul, assim, poderia se tornar réu em Brasília. Quebrava-se, com isso, o princípio do "juiz natural", segundo o qual todos devem ser julgados por um tribunal adequado, segundo suas competências. Outra anormalidade foi que o caso, que deveria ser distribuído a um dos ministros por sorteio eletrônico, para ser o seu relator — uma regra para garantir a imparcialidade —, foi entregue a Alexandre de Moraes. Para completar, o advogado da *Crusoé/OAntagonista*, André Marsiglia, não conseguiu ter acesso ao processo, o que dificultou o seu trabalho na defesa dos acusados.

"A decisão foi impugnada, a multa deferida foi enfrentada e o depoimento do publisher da *Crusoé* à Polícia Federal foi prestado sem que à defesa fosse oportunizado o acesso aos autos do inquérito. Até o momento,

STF - COMO CHEGAMOS ATÉ AQUI?

nem sequer soubemos o porquê da multa, se cumprida integral e imediatamente a decisão. Tampouco soubemos o porquê da investigação, e, gra-
víssimo, quem está sendo investigado. Sim, os depoimentos foram
ordenados sob tais condições", escreveu André Marsiglia no artigo "Liberdades violadas" na *Crusoé*. "Não à toa, tanto na peça de enfrentamen-
to, apresentada ao Supremo, quanto no depoimento à polícia, um termo
bastante utilizado foi 'kafkiano'. A sensação era essa: todos nos vimos na
pele da personagem de Kafka, vítima de uma burocracia que afogava todo
e qualquer direito cidadão e democrático.[4]"

Esse total desrespeito às regras vigentes e a falta de limites espa-
ciais ou temporais renderam ao processo o apelido de "inquérito do fim
do mundo".

De início, pouca gente entendeu qual era o real objetivo daquela ação
tão fora da curva. A censura à *Crusoé* deixou tudo mais claro. Toffoli buscava salvar a si próprio, atacando, com a estrutura do tribunal e do Judiciário brasileiro, todos os que ousassem criticá-lo ou que levantassem
denúncias contra ele.

Na ordem de Moraes enviada aos jornalistas da revista, o ministro,
por algum motivo qualquer, copiou a mensagem que tinha recebido com
as orientações de Toffoli. Nela, o então presidente da Corte solicitava a
"apuração das mentiras recém-divulgadas por pessoas e sites ignóbeis
que querem atingir as instituições brasileiras". A sentença, como se nota,
já estava dada de antemão. As notícias publicadas seriam "mentiras", e os
sites responsáveis seriam "ignóbeis", adjetivo que o dicionário *Houaiss* dá
como sinônimo de algo que não é nobre, que inspira horror do ponto de
vista moral, de caráter vil, baixo, que causa repugnância.

Nos meses e anos seguintes, o cumprimento da ordem de Toffoli por
Moraes no inquérito do fim do mundo rendeu consequências desastrosas
não apenas para o jornalista Mario Sabino, que foi bastante impactado
pela intimação para depor na Polícia Federal, como para veículos de imprensa, influenciadores, políticos e cidadãos comuns que apontaram

LIBERDADE DE EXPRESSÃO

defeitos no tribunal. A partir daquele momento, a Corte, além de investir contra os outros Poderes da República, voltava-se contra a sociedade civil e a imprensa, instaurando uma fase de trevas para todos que fazem uso da liberdade de expressão.

Sob o pretexto de combater *"fake news"* — uma expressão de definição imprecisa e que não consta na Constituição de 1988 — o STF passou a investir contra qualquer um que o incomodasse. Por mais que o termo *fake news* tenha entrado na moda, dizer se uma informação é verdadeira ou falsa nunca foi uma tarefa fácil. A avaliação de uma *fake news* depende, essencialmente, de quem a faz. Um deputado da oposição pode achar que uma declaração oficial é falsa, apesar de a Presidência defender que é verdadeira. A posição política de quem julga é sempre o mais determinante. Além dos vieses ideológicos, tudo ainda pode variar, a depender do conhecimento disponível naquele momento e qual era o contexto da notícia. Às vezes, algo que se considerava verdadeiro prova-se falso com o tempo, ou o contrário. Em outras, tudo muda de acordo com o recorte que se faz da situação.

Na censura à *Crusoé*, o STF escorregou desde a largada. Para justificar a ordem de retirada do conteúdo do ar, Alexandre de Moraes argumentou que a Procuradoria-Geral da República, PGR, não tinha recebido o documento que a revista afirmava existir, em que aparecia a explicação sobre o "amigo do amigo de meu pai". Estaria aí a tal notícia fraudulenta. Contudo, o tal documento existia, como o próprio tribunal foi obrigado a admitir dias depois. O fato de que não tinha sido enviado para a PGR até então — um dado lateral na questão e que foi selecionado apenas para ser usado como um álibi — não era uma evidência de que não existia.

A "mentira" que Toffoli citava na ordem para Moraes não se confirmou. Era uma verdade. A reportagem da *Crusoé* se baseava em um e-mail enviado pelo empreiteiro Marcelo Odebrecht, que foi juntado aos inquéritos da Lava Jato, em Curitiba[5]. Depois da censura ordenada pelo STF, o documento passou a ser divulgado em diversos sites de internet.

85

Marcelo Odebrecht tinha aceitado fazer uma delação premiada em uma investigação sobre pagamento de propinas pela sua empresa. Ao colaborar com a maior operação contra a corrupção da história do Brasil, Marcelo concordou em dar maiores explicações sobre mensagens que foram coletadas pelos procuradores. Uma delas trazia uma conversa de 2007, em que o empreiteiro perguntava a dois de seus funcionários se eles tinham fechado com "o amigo do amigo de meu pai". Um deles respondeu que a negociação estava "em curso".

No ano de 2007, quando essa troca de mensagens ocorreu, Toffoli ainda não era ministro do STF, e sim advogado-geral da União. Sua missão era defender juridicamente o Estado, no segundo mandato de Lula. A Odebrecht estava interessada em vencer uma licitação para construir a usina hidrelétrica de Santo Antônio, no rio Madeira, em Rondônia. Diversas ações tentaram bloquear o processo na Justiça. Toffoli, na AGU, montou uma força-tarefa para garantir que o leilão ocorresse. Em dezembro de 2007, o consórcio formado entre as empresas Furnas, Odebrecht, Andrade Gutierrez e Cemig venceu a disputa. Dez anos depois, delações apontaram que a empreiteira teria pago 80 milhões de reais em propinas para diversos políticos para ser favorecida no leilão.

Quando a reportagem da *Crusoé* foi ao ar, em 2019, Toffoli já atuava como ministro do STF, nomeado por Lula. No ano anterior, ele ainda assumiu como o presidente da Corte. Segundo os investigadores da Lava Jato, o amigo do pai de Marcelo Odebrecht, Emílio Odebrecht, era o presidente petista. Faltava então saber quem seria o tal amigo de Lula. Os procuradores fizeram essa pergunta a Marcelo Odebrecht, que respondeu dizendo: "o amigo do amigo de meu pai se refere a José Antonio Dias Toffoli".

A confirmação de que o documento com a explicação da Odebrecht existia fez com que o STF desse um passo atrás e permitisse a veiculação da reportagem. Contudo, a Corte não fez um pedido de desculpas nem tampouco excluiu Mario Sabino e os sites *Crusoé* e *O Antagonista* do inquérito do fim do mundo. Uma vez que o objetivo da ação era a "apuração

LIBERDADE DE EXPRESSÃO

de mentiras" dentro de um inquérito de "notícias fraudulentas", e que essas mesmas notícias tinham se provado verdadeiras, nada mais natural que os acusados fossem retirados do caso. Isso não ocorreu.

A história ainda ganhou outro capítulo esdrúxulo com a estreia de um novo ator em cena. Em setembro de 2019, Augusto Aras foi nomeado como procurador-geral da República pelo presidente Jair Bolsonaro. Aras tinha como uma de suas principais bandeiras a contenção da Lava Jato e logo quis dar a sua contribuição para o inquérito do fim do mundo, que investia contra a imprensa. Com menos de um ano no cargo, ele enviou uma petição sigilosa de dezessete páginas a Alexandre de Moraes, pedindo uma investigação sobre comentários postados por leitores nas páginas de *O Antagonista*, com ofensas a ministros do Supremo[6]. Eis a situação: o procurador-geral da República, aquele que deveria zelar pelos interesses da sociedade, solicitou que o STF investigasse comentários escritos por leitores em um site de notícias. Aras queria que os veículos jornalísticos fossem responsabilizados pelas críticas dos leitores ao tribunal. "A Procuradoria-Geral da República identificou a propagação de volumosas manifestações recentes, veiculadas como 'comentários' de terceiros em publicações do sítio virtual 'O Antagonista', a configurar os tipos penais dos artigos 138 (calúnia), 139 (difamação) e 140 (injúria) do Código Penal. Tais ilícitos foram dirigidos a ministros dessa Corte Suprema." Voluntarioso, Aras copiou em sua recomendação os comentários dos leitores em seis notas de *O Antagonista*. O procurador ainda reclamou da liberdade que as pessoas tinham de escrever o que pensavam nos comentários. Moraes acolheu o pedido na íntegra.

Dois anos depois da censura à reportagem "O amigo do amigo de meu pai", o *publisher* Mario Sabino tratou de todo o caso com ironia em um artigo[7]. "Estou longe de imaginar ainda que Alexandre de Moraes esteja nos mantendo no inquérito para tentar me amordaçar, uma vez que, depois da derrapada na censura, vem defendendo a liberdade de expressão. Também longe de mim pensar que o ministro está levando a sério a patacoada do procurador-geral da República, Augusto Aras, que pediu para incluir no inquérito comentários desagradáveis de leitores, como se fôssemos cúmplices, sei lá, de uma conspiração contra o Supremo. Não imagino nem penso mais nada sobre esse assunto. Se você já cansou dele, imagine eu", escreveu.

Para entender as razões que levaram o STF a investir contra a *Crusoé* naquele início de 2019, é preciso ir além das justificativas contidas nos despachos oficiais. Ministros do STF gostam de se apresentar como pessoas iluminadas que têm as melhores intenções e querem construir um mundo melhor. Essa imagem projetada por eles até vinga em alguns círculos, porque parte considerável da imprensa nacional acredita piamente em tudo o que os magistrados falam e escrevem. Mas ministros do STF não são diferentes dos demais brasileiros. Mesmo quando alegam perseguir um propósito nobre, eles se movem pelos próprios interesses.

No livro *Contra Toda Censura*, o diplomata Gustavo Maultasch[8] toca nesse ponto, após citar vários casos de censura ao longo da história mundial. "Muitos dos que atualmente trabalham para reduzir nossa liberdade de expressão, muitos dos que vociferam contra o 'ódio', as '*fake news*' e os 'ataques à democracia' também se pensam cheios de razão, também se creem líderes da missão civilizatória de defender as ideias 'corretas' e proibir aquelas 'corruptas' — falhando assim em perceber que são os congêneres contemporâneos dos censores e dos reacionários do passado", escreve Maultasch.

O fim último de suas ações não seria aquele alegado, mas o de preservar ou alcançar objetivos inconfessáveis. "Fica difícil acreditar que as atuais aristocracias estejam mesmo preocupadas com a democracia e não apenas buscando preservar seus espaços de poder. A 'defesa das instituições' é, na verdade, a defesa do meu status (o qual é conferido pelas instituições), que eu preciso descrever como 'defesa das instituições' — do contrário, o meu autointeresse ficaria óbvio demais: a defesa de interesses pessoais da vanguarda sempre virá fantasiada de uma grande narrativa ecumênica."

LIBERDADE DE EXPRESSÃO

Uma análise aprofundada da época em que o inquérito do fim do mundo foi criado permite descortinar quais eram os interesses em jogo. Fundada em maio de 2018 pelos jornalistas Mario Sabino e Diogo Mainardi[9], a revista *Crusoé* tinha como propósito fazer um jornalismo independente, capaz de "manter nossos governantes sob vigilância, dia após dia, sem descanso". Na propaganda que introduziu a revista ao público, a mensagem era clara: "Ninguém aguenta mais as patacoadas dos nossos políticos. Eles nos fazem de bobos. O ex-presidente Lula armou um circo e extrapolou o prazo de se entregar à Polícia Federal em mais de 24 horas... Os juízes do Supremo perderam a compostura e estão fazendo de tudo para tirá-lo da cadeia..." Sustentada apenas com o dinheiro dos assinantes, a revista tinha liberdade total, pois não precisava se submeter aos caprichos dos anunciantes, privados ou estatais, como ocorre com a maior parte da mídia. Seus jornalistas não se acovardavam diante das pressões mais diversas. Entre os assuntos preferidos deles, estava, justamente, o STF.

Foi a *Crusoé* que denunciou, em junho de 2018, a mesada de 100 mil reais que era enviada pela advogada Roberta Rangel ao marido, Dias Toffoli (o tema foi assunto no capítulo sobre imparcialidade). Pouco antes, em maio, a revista publicou uma reportagem sobre os patrocínios ocultos ao Instituto Brasileiro de Ensino, Desenvolvimento e Pesquisa, o IDP, de propriedade do ministro do STF Gilmar Mendes[10]. Empresas e associações interessadas em causas que tramitavam no Supremo patrocinavam eventos da instituição, mas misteriosamente pediam que seus nomes não aparecessem. Eram atitudes muito suspeitas porque elas pagavam, mas não pediam publicidade em troca. A hipótese era de que as empresas e associações buscavam influenciar as votações do ministro Gilmar no plenário, suas decisões monocráticas ou concessões de *habeas corpus*. As reportagens da *Crusoé* caminhavam em paralelo com investigações da Lava Jato, cujos procuradores também queriam saber mais sobre os patrocínios ao IDP.

O ano de 2019 começou com o STF sob a mira de vários agentes públicos. Em fevereiro, vazou a informação de que Gilmar Mendes e sua esposa Guiomar tinham sido incluídos em uma lista de mais de cem pessoas politicamente expostas, que seriam submetidas a uma "análise de interesse fiscal". Era um trabalho conjunto entre a Receita e a Lava Jato, em busca de pistas de corrupção e tráfico de influência. Quem também estava na tal lista era Roberta Rangel, esposa de Toffoli. Senadores cogitaram iniciar uma Comissão Parlamentar de Inquérito, a CPI da Lava Toga, focando nos magistrados. Preocupado, Gilmar conversou com Dias Toffoli, seu aliado. O resultado foi a criação do inquérito das *fake news*, ou inquérito do fim do mundo, em março de 2019.

Toda a investida contra os jornalistas ocorreu na contramão dos preceitos garantidos pela Constituição. A Carta de 1988 é clara ao proibir a censura no inciso IX do artigo 5º: "É livre a expressão da atividade intelectual, artística, científica e de comunicação, independentemente de censura ou licença." No artigo 220, afirma-se também que "é vedada toda e qualquer censura de natureza política, ideológica e artística".

Esses princípios da Carta de 1988 marcaram uma diferença muito forte em relação à ditadura militar, de 1964 a 1985, quando veículos de comunicação eram permanentemente vigiados e censurados. Mas, apesar da clareza do texto constitucional, a censura continuou sendo praticada no Brasil durante o período democrático. A principal diferença em relação à ditadura é que, em vez de ter um órgão central responsável pela censura, essa passou a ser feita pelos juízes. Diz o jornalista Alberto Dines no artigo "A mídia como campo de batalha": "A censura tornou-se contagiante, mimetizada. Em diferentes formatos e graus tornou-se recurso rotineiro, deixou de ser a marca registrada das ditaduras assumidas e converteu-se numa espécie de freio de mão que se aciona nas emergências. Acontece que o conceito de emergência está tão relativizado como o da censura. Resultado: o censor fardado foi substituído e multiplicado pelo censor civil, togado, de batina ou de fatiota de executivo[11]." Essa prática feita pelo Judiciário em plena luz do dia no período democrático é conhecida como "censura togada".

LIBERDADE DE EXPRESSÃO

Após a promulgação da Constituição, o entendimento mais comum entre os magistrados passou a ser o de que, no período democrático, seria inconcebível a censura prévia, como a que ocorria na década de 1970.

Naqueles anos de chumbo, os censores tinham acesso ao conteúdo das reportagens antes que elas fossem publicadas, durante a noite. Muitos desses funcionários exerciam o ofício com "mau humor, má vontade e evidente agressividade", segundo descreveu o jornalista Hélio Fernandes, da *Tribuna da Imprensa*, em uma carta ao ministro da Justiça, em 1975. Fernandes também os criticava pela falta de critérios, pois "cortavam e proibiam hoje o que era permitido amanhã, vetaram amanhã o que havia sido permitido ontem"[12].

Para os veículos, havia uma infindável lista de temas que poderiam ser proibidos pela ditadura. Uma reportagem poderia ser derrubada de última hora se tivesse nus femininos, atentasse contra a moral e os bons costumes, promovesse a "subversão da ordem", revelasse segredos de Estado, estimulasse a revolução, colocasse em risco as instituições, espalhasse ideologias subversivas, divulgasse palavras de baixo calão e por aí vai. A profusão de possíveis motivos dava a sensação de que não havia critério algum. No final das contas, a intenção era proibir qualquer coisa que as autoridades intolerantes considerassem que pudesse colocar em xeque a posição de poder que elas tinham.

Em 1967, a ditadura decretou uma Lei de Imprensa, que em seu artigo 20 dava pena de detenção de seis meses a três anos para quem "caluniar alguém, imputando-lhe falsamente fato definido como crime". Havia uma ressalva na lei, caso se comprovasse com uma "prova da verdade" que a acusação tinha sentido. Porém, a tal "prova da verdade" não valia para os ocupantes de cargos elevados. No caso deles, qualquer ousadia deveria ser punida. "Não se admite a prova da verdade contra o presidente da República, o presidente do Senado Federal, o presidente da Câmara dos Deputados, os ministros do Supremo Tribunal Federal, chefes de Estado ou de governo estrangeiro, ou seus representantes diplomáticos." Para todos eles, havia uma espécie de lei de lesa-majestade, pois eles jamais poderiam ser criticados, assim como consta nas Ordenações Filipinas (o capítulo Acesso à Justiça discute a influência desse compilado de leis no STF atual). Também era estritamente proibido mencionar as reportagens censuradas em outras matérias, porque isso poderia pegar mal. Aliás, exigia-se que os cortes nas páginas fossem os mais discretos possíveis, para que o leitor não ficasse com a impressão de que a repressão estava funcionando a todo vapor.

Mais do que uma suposta preocupação com o público, a censura era uma forma de estrangular os veículos, principalmente aqueles da imprensa alternativa, e evitar que eles seguissem incomodando o poder. Quando era feita diretamente contra indivíduos, o objetivo era "excluir (fisicamente, simbolicamente ou economicamente) o transgressor, prendendo/torturando/matando, exilando ou impedindo que volte a expressar-se", escreve Ivan Paganotti no livro *Censura, Justiça e Regulação da Mídia na Redemocratização*[13].

Todas essas ações arbitrárias instituíram a autocensura, em que os jornalistas deixavam de propor ou produzir conteúdos que pudessem lhes trazer problemas. Era esse o método mais vantajoso aos militares, pois não deixava marcas e permitia que a ditadura mantivesse uma retórica democrática[14]. Sim, porque nenhuma ditadura do mundo alguma vez admitiu a sua natureza autoritária. Hoje, passando por Cuba, Venezuela ou pela Coreia do Norte, todas preferem ser chamadas de "democracia" ou de "governo popular".

Os constituintes que escreveram a Carta de 1988 deram um basta nisso (a Lei de Imprensa resistiu mais alguns anos, até ser revogada em 2009). Com isso, prevaleceu a noção de que não se poderia impedir um texto ou vídeo de ser publicado, mas aqueles indivíduos que se considerassem ofendidos ou prejudicados, por algum motivo, poderiam reclamar seus direitos na Justiça. Se uma pessoa achar que foi caluniada ou difamada, que teve sua privacidade indevidamente exposta ou sua honra

LIBERDADE DE EXPRESSÃO

ferida, ela pode recorrer na primeira instância da Justiça em sua cidade — como manda o princípio do juiz natural.

Com a chegada da internet, os pilares democráticos da Constituição foram mantidos. Como regra geral, enquanto o processo corre na Justiça, o conteúdo incômodo continua disponível. Os advogados das partes têm acesso aos autos do processo para saber exatamente do que seus clientes estão sendo acusados e, assim, defendê-los da melhor forma. Se a sentença é favorável ao denunciante, o juiz busca medidas menos graves que a retirada da reportagem do ar. Ele pode conceder um direito de resposta, obrigar o autor da reportagem a se retratar ou pagar uma multa. Só se retira um texto da internet quando não há outras opções. Ainda assim, o jornalista e seu veículo podem recorrer e levar o caso para a segunda instância. Caso a questão envolva um tema constitucional, pode até ir parar no STF. Tradicionalmente, no Brasil, quando um caso relativo à liberdade de imprensa subia até a Corte Suprema, os ministros repudiavam a censura.

O ano de 2019 inverteu essa lógica, ignorando a proibição de censura que está definida no artigo 5º da Constituição. Os casos sobre liberdade de imprensa deixaram de começar na primeira instância, e passaram a ter origem no STF. Com isso, não há mais como um jornalista recorrer para os níveis superiores, em caso de ser derrotado. A liberdade de expressão, que na época democrática era entendida como um valor universal e democrático, voltou a ser vista como um perigo, um risco. O tribunal assim adotou uma visão mais parecida com a da ditadura, e foi natural que algumas das novas práticas guardassem semelhanças com as do regime militar.

O entendimento do STF desde 2019 passou a ser de que cidadãos brasileiros abusam de seu direito constitucional de liberdade de expressão para atacar o STF e as instituições democráticas do Brasil. Sendo assim, devem ser calados. Em nome de um bem maior, a democracia, o STF começou a considerar que é preciso cancelar um direito básico, a liberdade. Essa inversão de conceitos merece ser bem analisada. Dizer que é preciso reduzir a liberdade em nome da democracia pode ser uma armadilha traiçoeira.

"*A democracia é uma estrutura formal de decisões que serve, sobretudo, para garantir a transição pacífica de poder. Isso é bom porque reduz a concentração de poder e os riscos de tirania, o que contribui para a manutenção da liberdade e do governo da lei*", escreve Gustavo Maultasch em *Contra Toda Censura*. "*Ou seja: a democracia não é um fim em si; se nós constituímos essa estrutura formal, é porque entendemos que ela seja necessária para a preservação da liberdade e do governo da lei. A liberdade não foi inventada pela democracia, e tampouco está a serviço dela; a realidade é exatamente o contrário: é a democracia que deve servir à liberdade*[15]."

Com a inversão de valores feita pelo STF, o debate livre de ideias conflitantes, que antes era considerado um ativo, passou a ser visto como um comportamento indesejável, capaz de agredir a sensibilidade de algumas pessoas, como ministros do STF, políticos corruptos ou integrantes de grupos minoritários. Denúncias legítimas e opiniões críticas passaram a ser consideradas como discurso de ódio ou *fake news*. "A liberdade de expressão não é liberdade de agressão", escreve o ministro Alexandre de Moraes em seus despachos, com letras em negrito. Para piorar, os processos passaram a correr sob sigilo, o que impede que os advogados possam defender de maneira adequada seus clientes. A censura voltou com tudo e, ainda por cima, empoderada.

Uma das vítimas dessa nova fase do STF foi o nanico Partido da Causa Operária, o PCO, fundado pelo jornalista Rui Costa Pimenta. Defensores de terroristas muçulmanos, da superação do capitalismo pelo socialismo e do fim da propriedade privada, seus integrantes nunca foram um sucesso nas urnas. Em 2002, quando Pimenta tentou a Presidência, obteve só 0,05% dos votos. Mesmo assim, o PCO foi considerado pelo STF como uma ameaça à democracia ao compartilhar reportagens e textos em suas redes sociais. Em junho de 2022, quando se aproximava a campanha para as eleições presidenciais que seriam vencidas por Lula, o ministro do

STF Alexandre de Moraes suspendeu as contas do PCO nas redes sociais "em razão de postagens em que a legenda pede a dissolução do Supremo, atribuindo a seus ministros a prática de atos ilícitos". Assim como na censura à *Crusoé*, a Polícia Federal ficou encarregada de coletar o depoimento de Rui Costa Pimenta, dentro do inquérito do fim do mundo.

No despacho de Alexandre de Moraes, é possível constatar quais foram as postagens que enfureceram a Corte. Uma delas era um comentário sobre uma reportagem da revista *Oeste*, com o seguinte teor: "Em sanha por ditadura, *skinhead* de toga retalha o direito de expressão, e prepara um novo golpe nas eleições. A repressão aos direitos sempre se voltará contra os trabalhadores! Dissolução do STF", era a mensagem do PCO, copiada no despacho de Alexandre de Moraes, que é careca.

A título de exemplo de mensagens de "extrema gravidade" do PCO, o despacho de Moraes também traz os seguintes exemplos:

"É preciso adotar uma política concreta contra a ditadura do STF. Lutar pela dissolução total do tribunal e pela eleição dos juízes com mandato revogável."

"Fascista Alexandre de Moraes é um dos pilares da ditadura do Judiciário e vai presidir o TSE nestas eleições. #ForaBolsonaro #Lula Presidente #PCO."

"O STF e o TSE participaram de todos os momentos cruciais do golpe de Estado contra Dilma e Lula desde 201 [*2015, provavelmente*]. Agora que se aproximam as eleições de 2022 com a ampla preferência popular por Lula, o Judiciário golpista se prepara para mais um golpe."

"O STF é um tribunal criado para defender a burguesia e seus interesses. Foi um dos principais agentes do golpe de Estado [*impeachment* de Dilma Rousseff, provavelmente], além de usurpar poderes e os direitos democráticos de toda a população."

"Os 11 ministros não eleitos do STF acreditam estar acima do voto de dezenas de milhões de brasileiros, a própria existência da Corte é antidemocrática, mas os togados ainda têm a capacidade de passar por cima da própria Constituição e até mesmo fraudar as eleições."

Na ordem de Moraes, os principais pecados de Rui Costa Pimenta ao emitir livremente suas opiniões seriam "a disseminação em massa de ataques escancarados e reiterados às instituições democráticas e ao próprio Estado Democrático de Direito, em total desrespeito aos parâmetros constitucionais que protegem a liberdade de expressão".

A questão é que não há qualquer lei na Constituição ou no Código Civil dizendo que os brasileiros são proibidos de se indignar com as "instituições democráticas do país". O que Pimenta fez não foi atacar a Corte, pois ele nem teria meios ou força para fazer isso. O final da história, como se sabe, é que o STF não foi dissolvido. Além disso, apesar do temor de Pimenta de que Lula não seria empossado, o petista foi eleito e assumiu a Presidência, com a bênção do Tribunal Superior Eleitoral e do Supremo Tribunal Federal. As críticas descabidas de Pimenta seguramente não teriam tido qualquer eco, não fosse a censura imposta por Moraes.

Pimenta também foi acusado de atribuir ou insinuar a prática de atos ilícitos por membros do STF. Mas tampouco vigora no Brasil uma lei de lesa-majestade que proíbe as pessoas de criticarem autoridades públicas. A Lei de Imprensa, que tinha um artigo blindando os ministros do STF, foi revogada em 2009. O que existe, isso sim, é a possibilidade de que os ministros, caso sintam que foram difamados ou caluniados, recorram como qualquer cidadão à Justiça comum.

Gilmar Mendes é um dos que mais usam esses recursos. O ministro, por exemplo, processou a atriz Monica Iozzi, que, em seu Instagram, publicou uma foto dele com a pergunta: "Cúmplice?", e a legenda: "Gilmar Mendes concedeu *habeas corpus* para Roger Abdelmassih, depois de sua condenação a 278 anos de prisão por 58 estupros." Os advogados de

LIBERDADE DE EXPRESSÃO

Gilmar argumentaram que a jornalista insinuava que o magistrado seria cúmplice nos crimes praticados pelo médico. Gilmar venceu na primeira instância do Distrito Federal e Monica pagou as custas do processo. Tudo dentro do jogo democrático, sem que Monica fosse proibida de realizar seu trabalho ou de se expressar nas redes sociais.

Em 2022, ano de eleições, as ações autoritárias do STF reverberaram em outra Corte federal, o Tribunal Superior Eleitoral, TSE, que estava sob a presidência de Moraes, como já alertava Rui Costa Pimenta. Mas, em vez de prejudicar Lula, como imaginava o líder do PCO, o resultado foi o inverso. Naquele ano, duas censuras gritantes ocorreram. O ministro Paulo de Tarso Sanseverino, do TSE, determinou a retirada de publicações que associavam o candidato Lula ao ditador da Nicarágua, Daniel Ortega. Entre as mensagens que tiveram de ser removidas com esse conteúdo constava um post do jornal digital *Gazeta do Povo*. O ministro dizia que os conteúdos eram "manifestamente inverídicos". Lula, porém, sempre admitiu sua amizade com Ortega, antes e depois do pleito. Tratava-se de mais uma "*fake news*" verdadeira, assim como o documento do "amigo do amigo de meu pai", sobre a amizade entre Lula e Dias Toffoli.

O TSE ainda proibiu, a pedido do PT, a exibição de um documentário do canal Brasil Paralelo, que seria lançado em 24 de outubro. O título era *Quem Mandou Matar Jair Bolsonaro*. A censura ocorreu sem que os togados ou o público tivessem acesso ao conteúdo do documentário. A medida foi feita a partir de conjecturas ou suposições sobre seu teor[16]. Foi um claro exemplo de censura prévia, a mesma prática que vigorou na ditadura nos anos 1970. Na votação no plenário do TSE, o ministro Raul Araújo divergiu da maioria e rejeitou a censura prévia: "A sanção só se torna viável depois de examinado o fato sob o rigor da legislação, jamais de forma antecipada e prospectiva, violando o Estado Democrático de Direito e a Constituição Federal." Segundo a Constituição, não se pode acusar alguém de um crime antes que o delito tenha sido cometido. "O conflito aparente só se resolve à luz do caso concreto. Sem saber o caso concreto, não pode prevalecer qualquer presunção", disse Araújo. O documentário foi suspenso porque a maioria dos ministros do TSE entendeu que ele ia contra a lei, apesar de não o terem assistido. Foi pura adivinhação.

O autoritarismo já vinha em ascensão quando um novo fato aguçou a prepotência dos ministros do STF. No dia 8 de janeiro de 2023, uma turba revoltada invadiu o Palácio do Planalto, o Congresso e o Supremo, em Brasília. Eles não tinham um plano sobre o que fazer e nem contavam com apoio da cúpula dos militares. Ao ver que as forças de segurança recuaram, eles invadiram as sedes dos Três Poderes e destruíram patrimônio público. Eles gritavam consignas pedindo intervenção militar, acusavam fraude nas eleições de 2022 e brandiam contra o STF.

O tribunal reagiu ordenando a prisão preventiva de centenas de pessoas. Muitas foram acusadas de crimes graves, como tentativa de abolição do Estado Democrático de Direito ou de golpe de Estado. Mas a mão dura não se restringiu àqueles que se envolveram no episódio em Brasília. O STF passou a censurar pessoas com a mera especulação de que suas opiniões teriam, de alguma forma, contribuído para os atos de 8 de janeiro ou que poderiam ter um desfecho semelhante.

No mesmo mês da invasão dos Três Poderes, o STF ordenou a suspensão de várias contas em redes sociais do influenciador digital Bruno Monteiro Aiub, conhecido como Monark. Ele foi acusado de difundir "notícias falsas sobre a atuação do STF e a integridade das instituições eleitorais". Monark, assim, seria um dos instigadores dos atos de 8 de janeiro, embora nada de concreto tenha sido encontrado entre a invasão em Brasília e o comunicador. Com base puramente em exercícios de futurologia, sugeriu-se que as opiniões de Monark poderiam incentivar um golpe de Estado em algum momento[17]. "Conforme ressaltei por ocasião da decisão proferida em 8/1/2023, os desprezíveis ataques terroristas à democracia e às instituições republicanas serão responsabilizados, assim como os financiadores, instigadores e os anteriores e atuais agentes públicos coniventes e criminosos, que continuam na ilícita conduta da prática de atos

LIBERDADE DE EXPRESSÃO

antidemocráticos", escreveu Alexandre de Moraes em seu despacho. Em todo o texto, não há qualquer menção a qual seria o crime, de fato, que teria sido praticado por Monark. Todos os brasileiros, afinal, são livres para emitir suas opiniões sobre qualquer assunto. E o influenciador não fez nada além disso.

O trecho mais chamativo do documento de Moraes é de um despotismo assombrador: "Em face das circunstâncias apontadas, imprescindível a realização de diligências, inclusive com o afastamento excepcional de garantias individuais que não podem ser utilizadas como um verdadeiro escudo protetivo para a prática de atividades ilícitas, tampouco como argumento para afastamento ou diminuição da responsabilidade civil ou penal por atos criminosos, sob pena de desrespeito a um verdadeiro Estado de Direito."

A ideia subjacente é que existe uma ordem constitucional vigorando no país, que garante o devido respeito aos direitos fundamentais. Mas, uma vez que há inimigos (instigadores, terroristas, financiadores, criminosos etc.) querendo subvertê-la, então é preciso abrir uma exceção e passar por cima de suas garantias individuais.

É a mesma lógica do Ato Institucional número 5, de 1968, o documento histórico que escalou a truculência na ditadura militar brasileira e viabilizou o pior momento da censura:

1. Primeiro, o AI-5 afirma que "são mantidas a Constituição de 24 de janeiro de 1967 e as constituições estaduais". Ninguém gosta de dizer que está agindo na ilegalidade, é claro.

2. Depois, diz que o governo instalado pela "Revolução Brasileira de 31 de março de 1964" (na verdade, um golpe de Estado) não pode permitir que "pessoas ou grupos antirrevolucionários contra ela trabalhem, tramem ou ajam".

3. O documento traz a ideia de que instrumentos que deveriam ser usados para preservar a ordem estão sendo usados com o objetivo oposto: "os

instrumentos jurídicos, que a Revolução vitoriosa outorgou à Nação para sua defesa, desenvolvimento e bem-estar de seu povo, estão servindo de meios para combatê-la e destruí-la". A liberdade de expressão poderia ser considerada um desses instrumentos que estariam sendo usados de maneira inadequada.

4. Por fim, vem a sentença eliminando as garantias individuais. O presidente da República, "sem as limitações previstas na Constituição, poderá suspender os direitos políticos de quaisquer cidadãos pelo prazo de 10 anos". Entre as medidas com esse fim, está a "proibição de atividades ou manifestação sobre assuntos de natureza política". É o que está no AI-5.

Monark, na decisão de Moraes, foi proibido de publicar, promover, replicar e compartilhar *"fake news"*, sob pena de multa diária de 10 mil reais. O propósito era evitar que ele se comunicasse, de qualquer jeito. Impossível não se lembrar de como os opositores eram calados nos tempos da ditadura. A opinião de Monark que magoou o ministro foi dita em um canal criado na plataforma Rumble e consta em seu despacho:

"E não é o cara que tá indo lá, lutando e colocando... porque, toda vez que o Supremo faz um movimento desse, ele gasta fichas políticas. Isso tem um custo pra ele. [...] Então, por que ele [Supremo] está disposto a pagar esse custo? Por que ele [Supremo] está disposto a garantir uma não transparência nas eleições? A gente vê o TSE censurando gente, a gente vê o Alexandre de Moraes prendendo pessoas, você vê um monte de coisa acontecendo, e ao mesmo tempo eles impedindo a transparência das urnas? Você fica desconfiado, que maracutaia está acontecendo nas urnas ali? Por quê? Por que o nosso sistema político não quer deixar o povo brasileiro ter mais segurança? Qual é o interesse? Manipular as urnas? Manipular as eleições? É isso que eu fico pensando", disse o influenciador.

LIBERDADE DE EXPRESSÃO

Moraes, mais uma vez, não foi capaz de dizer qual crime teria sido cometido por Monark. Seu erro teria sido o de utilizar a liberdade de expressão como "escudo protetivo para a prática de discursos de ódio, antidemocráticos, ameaças, agressões, infrações penais e toda a sorte de atividades ilícitas". O instrumento que deveria ser empregado para proteger a democracia estava sendo usado para atacá-la.

O advogado André Marsiglia Santos, especialista em liberdade de expressão, foi um dos que criticaram o teor da decisão de Moraes à época. "Nem é necessário dizer que a liberdade de expressão, enquanto garantia individual, não pode ser excepcionalmente afastada em uma democracia. Ela pode ser relativizada, pode ser restringida, harmonizada com outros direitos, afastada jamais[18]."

Marsiglia também afirmou que não se pode simplesmente impedir alguém de manifestar sua opinião, dizendo tratar-se de *fake news*. "Há uma diferença importante, pois opinião não tem compromisso com a neutralidade da informação. Sendo a visão pessoal de alguém, naturalmente, é subjetiva. E não cabe ao Estado dizer qual opinião seus indivíduos devem ter, sob pena de violar o artigo 37 da Constituição Federal, que lhe impõe o dever de impessoalidade", disse. Esse artigo é aquele que afirma, entre outras coisas, que na publicidade de obras feitas com dinheiro público não pode "constar nomes, símbolos ou imagens que caracterizem promoção pessoal de autoridades ou servidores públicos". É uma maneira de impedir que pessoas usem seus cargos para promover a si próprias ou seus interesses com dinheiro dos outros. Censurando Monark, os ministros estariam indevidamente fazendo prevalecer suas próprias opiniões. "Óbvio que isso não dá a ninguém carta-branca para cometer crimes, mas não pode ser considerado desinformação, como faz a decisão. Há, portanto, uma imprecisão técnica no fundamento principal da decisão", acrescentou Marsiglia.

O que fica do caso de Monark e dos demais é um dilema perturbador, capaz de provocar um retrocesso histórico monumental. Deve a sociedade brasileira aceitar um "afastamento excepcional de garantias individuais" em nome de algum bem maior, como a democracia? Ou, pelo contrário, é o respeito aos direitos individuais o bem maior que se deve buscar? Outra forma de se fazer essa mesma pergunta é sobre em qual regime queremos viver: naquele em que as pessoas são caladas ou censuradas por emitir suas opiniões ou naquele em que há liberdade para se dizer o que se pensa, sendo que todos podem ser responsabilizados por possíveis crimes mais tarde?

COMO CONSERTAR O STF

PROTESTOS SE ESPALHARAM por diversas cidades do Brasil em junho de 2013. No início, a reclamação era contra um aumento de 20 centavos nas passagens de ônibus em São Paulo. Mas logo o movimento incorporou outras pautas e ganhou abrangência nacional. Naquele momento, o governo brasileiro injetava bilhões de reais em empreiteiras para construir estádios para a Copa do Mundo de futebol, mas o povo reclamava que o país não tinha "escolas e hospitais padrão FIFA". Havia ainda o descontentamento com a crise econômica provocada pelo governo da petista Dilma Rousseff e uma crescente insatisfação com a corrupção, após o julgamento do mensalão no STF, no ano anterior. O momento mais emblemático do que entraria para a história como as "Jornadas de Junho" ocorreu quando um grupo rompeu o cordão de isolamento da Polícia Militar e subiu a rampa do Congresso. As fotos, feitas durante a noite, mostraram as sombras das pessoas projetadas em uma das cúpulas brancas que fica em cima do prédio projetado por Oscar Niemeyer.

Não tardaria para que o STF, a poucos metros dali, também fosse salpicado pela indignação generalizada. Em novembro daquele ano, um grupo de cerca de cinquenta pessoas que se diziam contra as regalias dos condenados no mensalão tentou invadir o prédio. Algumas reclamavam que os acusados não eram obrigados a usar algemas. Os manifestantes levaram consigo rojões, artefatos para a produção de coquetel molotov e um canivete. Por pouco, não entraram no prédio. Foi após esse entrevero que o STF passou a colocar barreiras de metal ao redor do edifício. Além disso, o ministro Ricardo Lewandowski, que presidiu a Corte logo depois das manifestações de 2013, conseguiu aprovar a troca dos vidros do edifício por janelas blindadas, mais pesadas. O reforço, contudo, não foi autorizado pelo Instituto do Patrimônio Histórico e Artístico Nacional, o Iphan. Só o que se conseguiu fazer foi adicionar uma película protetora nos vidros[1].

Cinco anos depois, na campanha eleitoral que culminou com a vitória de Jair Bolsonaro, outros grupos passaram a mirar o STF, acusando os ministros de serem dóceis com corruptos e de fraudarem as urnas eletrônicas. Em outubro de 2018, circulou um vídeo em que o deputado federal Eduardo Bolsonaro, filho do então candidato presidencial, dizia que bastaria "um soldado e um cabo" para fechar a Corte. Após Jair Bolsonaro ser eleito, a retórica agressiva continuou. No desfile de 7 de setembro de 2021, o presidente fez uma ameaça velada, dizendo que "ou o chefe desse Poder (STF) enquadra o seu ou esse Poder pode sofrer aquilo que não queremos".

O episódio mais tenso ocorreu no dia 8 de janeiro de 2023. Uma turba vestindo camisetas da seleção brasileira, oriunda de várias cidades, invadiu os prédios dos Três Poderes, incluindo o do STF. As pessoas falavam em tomar o poder e pediam uma intervenção militar. Elas queimaram cadeiras e depredaram quadros valiosos. Derrubaram dez câmeras de televisão da TV Justiça, que estavam penduradas no teto e nas paredes, e urinaram nos equipamentos. Vidros nas quatro laterais do edifício foram quebrados ou pichados. A porta do armário em que Alexandre de Moraes guarda sua toga teve a porta arrancada e roubada (nesse instante, Moraes estava em um jantar regado a vinho com a família em um bistrô de Paris)[2]. Outro detalhe ajuda a dar a magnitude da aversão da sociedade ao STF: três seguranças terceirizados que tinham sido contratados para guardar a Corte participaram da invasão[3]. Um deles estava de folga.

Em nenhuma dessas ações — em 2013, 2018, 2021 e 2023 — o STF teve seu poder de fato ameaçado. Mesmo na última e mais violenta delas, o tribunal rapidamente se recompôs. Não houve uma tentativa organizada de golpe de Estado, nem por parte dos civis presentes na confusão, muito menos por parte dos militares. Um ano depois do 8 de janeiro, o ministro da Defesa, José Múcio Monteiro, admitiu o fato em entrevista ao jornal *Estadão*. Múcio considerou tudo "uma grande baderna" em que "um bando de vândalos" teria sido "arrebanhado por empresários irresponsáveis". Questionado sobre se uma tentativa de golpe de Estado teria acontecido, ele respondeu: "Olha, não foi por parte dos militares nem das instituições. Havia pessoas que desejavam o golpe, mas o Exército, Marinha e Aeronáutica, não. Como são os golpes no mundo? Vai a Força e o povo vem apoiando atrás. Aqui, o povo foi na frente. Não tinha líder. Se eles (Forças Armadas) quisessem golpe, era um conforto. Eu vi aqui da janela (do Ministério da Defesa), era gente correndo para todo canto. Não apareceu esse coordenador[4]".

Mesmo assim, o episódio serviu, isso sim, para que a Corte, que já vinha em uma espiral autoritária, retomasse com ainda mais eloquência seus avanços contra o restante da sociedade, sob o pretexto de que era imperativo resguardar a democracia.

Logo que as imagens dos Atos de 8 de janeiro se disseminaram, a esmagadora maioria da sociedade brasileira tomou distância dos baderneiros. Uma pesquisa feita pelo Datafolha à época apontou que 93% dos entrevistados reprovaram a invasão dos Três Poderes. Apenas 3% se declararam favoráveis. Nas horas que se seguiram, formou-se um consenso de que era preciso defender a democracia. A missão foi capitaneada pelo presidente Lula, que convocou ministros do STF, parlamentares, governadores de estado e integrantes do Judiciário para atravessar caminhando a Praça dos Três Poderes, no dia 9 de janeiro, em direção ao Supremo.

A sede da Corte foi a mais visada pelos manifestantes, na comparação com os prédios dos outros Poderes. Tanto é que registrou o maior prejuízo: 11,4 milhões de reais. Foram furtados, quebrados ou destruídos 1.057 itens. Vários deles tinham valor histórico e não puderam ser repostos ou restaurados[5]. O Congresso teve um prejuízo de 4,9 milhões de reais e o Palácio do Planalto, 4,3 milhões de reais[6].

Mas a maneira como o STF exerceu seu papel nos meses seguintes, em vez de atenuar as queixas contra a Corte, gerou maior descontentamento. Ao longo de 2023, a aprovação do STF, que já era baixa, caiu ainda mais. No início do ano, 23% dos brasileiros viam o tribunal de forma positiva. Quase um ano depois, esse índice estava em 17%. Por outro lado, o total dos que viam negativamente a Corte aumentou de 29% para 36% ao longo daquele ano, segundo o instituto de pesquisas Quaest. Mesmo com toda a retórica do tribunal de que estava agindo em prol da democracia, o quadro no final de 2023, um ano depois do 8 de janeiro, era de falta de credibilidade. No início de 2024, quando foi revelada uma extensa investigação sobre o papel de Jair Bolsonaro e membros de seu governo em uma suposta tentativa de abolir o Estado Democrático de Direito ou de golpe de Estado, a desaprovação subiu ainda mais. Se o tribunal fosse um presidente da República, estaria correndo sério risco de *impeachment*.

Qualquer iniciativa séria para melhorar o STF nada pode ter de uma multidão descontrolada, da destruição de patrimônio público ou de ataques verbais de políticos. O caminho mais rápido e indolor para uma redenção da Corte seria que seus ministros tomassem a dianteira e buscassem a "autocontenção".

Para isso, seria necessário que entrasse em ação um superego institucional, em que os togados tomariam diversas atitudes para recuperar a legitimidade perdida. Eles poderiam, por exemplo, abster-se de elaborar políticas públicas, de escrever leis, de censurar a imprensa, de relacionar-se com pessoas poderosas com causas nos tribunais federais, de usar a toga para fazer negócios, de julgar casos em que têm interesses, de viajar a convite de empresários ou de proteger corruptos com advogados caros. Essas ações poderiam gerar uma melhora na imagem da Corte, o que por sua vez redundaria em ganhos de credibilidade.

"Mais do que qualquer outra, instituições de justiça dependem da fumaça da confiança. A imagem e integridade é sua principal âncora de legitimidade. Para a credibilidade de um tribunal, a mensagem transmitida pela conduta de seus membros chega a ser mais decisiva do que as reais intenções eventualmente escondidas em despachos, votos e sentenças", escreve Conrado Hübner Mendes em seu livro *O Discreto Charme da Magistocracia*[7]. "No mundo da justiça, parecer honesto importa tanto quanto ser honesto. Se for um lobo, que pelo menos o seja em pele de cordeiro. Não basta, mas não é pouco."

Lamentavelmente, no Brasil, os ministros do STF não têm dado mostras de que tomarão, de maneira voluntária, medidas que possam reduzir o próprio poder ou a liberdade de fazerem o que bem entenderem. Nesse caso, então, caberia ao Conselho Nacional de Justiça, o CNJ, impor limites.

O CNJ foi criado em uma reforma do Judiciário, em dezembro de 2004, com o intuito de moralizar o funcionamento da Justiça. Já no primeiro mandato de Lula, havia uma indignação crescente com o Judiciário. Esse sentimento foi externalizado pelo presidente em um discurso em Vitória, no Espírito Santo, ao lado de Márcio Thomaz Bastos, que era seu ministro da Justiça. "Como dizia Lampião, em 1927, neste país, quem tiver 30 contos de réis não vai para a cadeia. Ainda em muitos casos prevalece exatamente isso", disse Lula, em abril de 2003. "Muitas vezes, a Justiça não age como Justiça, cumprindo a Constituição, que diz que todos são iguais perante a lei. Muitos são mais iguais do que outros. É o que chamo de Justiça classista, que tem classes. Por isso brigamos pelo controle externo do Judiciário. Não é meter a mão na decisão do juiz, mas saber como funciona a caixa-preta de um Poder Judiciário que muitas vezes se sente intocável.[8]"

O controle externo do Judiciário veio com a criação do CNJ. Mas sua ação foi limitada. Primeiro, porque o STF afirmou que o órgão não teria "jurisdição administrativa" sobre seus atos. Qualquer juiz no Brasil pode sofrer sanção disciplinar por parte do CNJ ao cometer alguma infração, menos os ministros do STF. Além disso, o CNJ, cujo presidente é o mesmo do Supremo, tem atuado sob corporativismo explícito. Em 2016, o CNJ tornou sigilosos os cachês pagos a magistrados por palestras a convite de empresas privadas, associações e administrações estaduais. Foi uma recomendação do então ministro Ricardo Lewandowski, então presidente do CNJ. Em setembro de 2023, o CNJ barrou uma resolução que pedia aos magistrados publicar suas agendas na internet. A resolução também falava em obrigar os ministros a avisar sempre que tivessem uma variação patrimonial anual superior a 40%. A ideia foi sepultada.

Além do CNJ, a autocontenção poderia ocorrer pelo respeito à legislação vigente. A Lei Orgânica da Magistratura, de 1979, proíbe os juízes de se manifestarem sobre casos que estão em sua pauta. O artigo 36 afirma que "é vedado ao magistrado manifestar, por qualquer meio de comunicação, opinião sobre processo pendente de julgamento, seu ou de outrem, ou juízo depreciativo sobre despachos, votos ou sentenças, de órgãos judiciais, ressalvada a crítica nos autos e em obras técnicas ou no exercício do magistério". O trecho tem sido desprezado. Por sua vez, a Constituição Federal, em seu artigo 95, proíbe que os magistrados trabalhem com empresários. "Aos juízes é vedado exercer, ainda que em disponibilidade, outro cargo ou função, salvo uma de magistério", diz o texto. Trata-se de outra lei sem efeito em nossa Corte Suprema.

Resta a esperança de que o Parlamento possa remendar o STF de alguma forma, por meio dos instrumentos constitucionais. "O Congresso deve recolocar o STF no seu devido lugar. Deve também retomar o seu protagonismo na defesa da democracia. Parlamentares são os representantes do povo, que foram eleitos democraticamente. Essa história de que o magistrado sabe o que é melhor para as pessoas é coisa de tirania. Numa democracia, o Parlamento cuida de legislar e fiscalizar. O Judiciário, de julgar. O Executivo, de executar as políticas públicas. Nós estamos vivendo um período de anormalidade em que o Judiciário se considera no direito de legislar e de executar políticas públicas. Não está certo isso", disse o deputado federal Marcel Van Hattem, do Novo, em entrevista à *Crusoé*[9].

A ferramenta mais adequada para isso é a Proposta de Emenda à Constituição, PEC, que pode ser apresentada por um terço dos deputados federais ou dos senadores. Para serem aprovadas, as PECs precisam contar com o aval de três quintos dos deputados e dos senadores. O intuito dessas iniciativas é que, alterando alguns trechos pontuais da Constituição, seria possível corrigir alguns excessos do STF e de seus ministros.

Entre 1988 e 2019, nada menos que cinquenta e sete PECs com sugestões de mudanças no STF foram apresentadas[10]. A maior parte delas buscava alterar o artigo 101 da Constituição, que diz: "O Supremo Tribunal Federal compõe-se de onze ministros, escolhidos dentre cidadãos com mais de trinta e cinco e menos de setenta e cinco anos de idade, de notável saber jurídico e reputação ilibada. Parágrafo único: Os ministros do Supremo Tribunal Federal serão nomeados pelo presidente da República, depois de aprovada a escolha pela maioria absoluta do Senado Federal.[11]"

As sugestões de alterações normalmente reduzem a faixa etária, seja subindo a idade mínima, considerada muito imatura, ou reduzindo a máxima. Em outros casos, busca-se incluir mandatos com um número fixo de anos. Entre 1988 e 2019, dezenove PECs visavam estabelecer um período determinado para os ministros, que podia durar de sete a dezesseis anos. No final de 2023, essa ideia tinha apoio de 68% dos brasileiros, segundo pesquisa Quaest.

Mandatos fixos são a prática mais comum nos tribunais constitucionais do mundo. A principal exceção são os Estados Unidos, que não estabelecem limite algum. Outros países que adotam a vitaliciedade são Omã, Estônia, Luxemburgo e Haiti.

Brasil e Argentina seguiram os passos dos americanos e mantêm a tradição, ainda que tenham colocado um limiar de setenta e cinco anos de idade. Na Argentina, a regra tem um diferencial: o ministro pode pedir uma extensão de cinco anos quando chega ao limite de idade. Alguns países de língua inglesa que entraram na onda do mandato vitalício no começo, como Austrália, Canadá e Reino Unido, admitiram problemas e adotaram períodos fixos ao longo do tempo.

Nos Estados Unidos, há atualmente um movimento apoiado pelos dois partidos, o Democrata e o Republicano, para acabar com os períodos vitalícios. A ideia mais ventilada é a que pede mandatos de dezoito anos. Como a Corte lá tem nove ministros, ou *justices*, eles seriam substituídos de forma escalonada, com uma troca a cada dois anos. Dessa maneira, cada presidente, em um mandato de quatro anos, indicaria sempre dois magistrados. A mudança é apoiada por 68% dos americanos e ganhou tração principalmente depois que o presidente republicano Donald Trump começou a indicar *justices*, em fevereiro de 2017.

Atendendo a uma longa e tradicional reivindicação das bases do Partido Republicano, Trump colocou três *justices* conservadores na Suprema Corte, com a intenção de revogar uma decisão de 1973 sobre o direito ao aborto em todo o país. Deu certo. A mudança no entendimento da Suprema Corte sobre o tema ocorreu em 2022. Ao ver essa manobra conservadora se consolidando na composição do tribunal, muitos democratas passaram a defender os mandatos fixos. É por isso que, entre eles, o apoio à proposta é ainda maior: 78%.

A adoção dos mandatos fixos, contudo, esbarra no medo que tanto republicanos como democratas têm de que, ao mexer nas regras da Suprema Corte, alguém busque aumentar o número de ministros. Nesse caso, o presidente em exercício poderia preencher os cargos recém-criados com seus aliados políticos. É o que os americanos chamam de "empacotar a Corte". Para não correr esse risco, a reforma tem sido adiada pelos dois partidos.

Quando, nos primórdios de sua democracia, os americanos adotaram mandatos vitalícios para os magistrados que analisam casos constitucionais, eles imaginavam que isso permitiria que os escolhidos ficariam completamente à vontade para julgar os casos unicamente a partir da Constituição e de suas reflexões. Os magistrados, então, não estariam sujeitos a pressões de fora da Corte. Como também não teriam um emprego posterior, pois se aposentaram em idade avançada, também não haveria o risco de favorecerem um determinado réu ou algum dos lados, pensando em um emprego futuro.

Esse modelo, importado pelo Brasil, funcionou bem durante certo tempo, mas desmoronou quando os presidentes Jair Bolsonaro e Lula começaram a fazer suas indicações por critérios declaradamente pessoais e com o intuito de exercer influência na Corte pelo maior tempo possível. Bolsonaro já disse que queria um ministro que pudesse "tomar tubaína" com ele. Lula, segundo seus auxiliares, defendia um nome "para quem ele pudesse ligar quando necessário". Com esse tipo de preocupação, esses dois presidentes começaram a escolher ministros cada vez mais jovens. "Apareceu uma verdadeira gincana para nomear o mais moço. Nomeie o mais moço e terá o seu ministro por mais tempo", disse o senador Esperidião Amin, em entrevista para a revista *Crusoé*[12].

O ministro mais jovem a assumir um cargo no STF desde a Constituição de 1988 foi Dias Toffoli. Ele tinha apenas quarenta e um anos quando foi indicado por Lula, em 2009. Se ficar no posto até completar setenta e cinco, ele terá permanecido no STF por trinta e três anos — mais de três décadas. Depois de Toffolli, o mais novo a ser nomeado foi Cristiano Zanin, também um escolhido de Lula. Zanin assumiu o cargo em 2023, aos quarenta e sete anos. É a mesma idade que tinha André Mendonça, quando seu nome foi indicado por Jair Bolsonaro. Mendonça e Zanin poderão ficar na Corte por vinte e sete anos.

Ainda que a Constituição esteja sendo respeitada nessas indicações, a opção pelo candidato mais jovem gerou distorções. A escolha dos ministros do STF, por certo, é diferente da dos cargos de presidente e de deputados ou senadores, cuja legitimidade está diretamente relacionada aos votos que receberam. No caso dos ministros, não há uma eleição para o STF. Ainda assim, a legitimidade deles deriva, em parte, dos integrantes dos demais Poderes que foram escolhidos pelo povo. Quando um presidente recomenda um nome para o STF, ele está fazendo valer, de forma indireta, a opinião da maioria dos eleitores brasileiros naquele dado momento histórico, manifestada na última eleição presidencial.

O tucano Fernando Henrique Cardoso foi presidente do país em dois mandatos, entre 1995 e 2002. Ele indicou três ministros. Lula, nos dois primeiros mandatos, escolheu oito. Com menos de um ano em seu terceiro mandato, indicou mais dois. Em nove anos, portanto, o petista formou quase um tribunal completo, cujo quadro é de onze ministros. Não há justificativa possível para uma assimetria tão grande entre as indicações desses dois presidentes. Caso fossem instituídos mandatos fixos, cada presidente deixaria uma marca na Corte mais proporcional a seu tempo no Palácio do Planalto.

Os mandatos vitalícios ainda são criticados por passar uma mensagem aos ministros do STF de que eles podem fazer tudo o que quiserem, sem prestar contas a ninguém. "Esse tempo tão extenso, aliado ao palco que é dado a eles com as transmissões ao vivo dos julgamentos no plenário, faz com que um ser humano vaidoso comece a extrapolar a sua função, como está acontecendo agora", disse o senador Plínio Valério à *Crusoé*[13]. "Ele sabe que não vai sair. Então, tem ministro que só é encontrado nos Estados Unidos, no Canadá ou na Alemanha. Então eles podem, pela vaidade e pelo sentimento de que são inalcançáveis, cometer desmandos."

Outro trecho do artigo 101 que pode ser mudado é o que determina que o indicado pelo presidente deve ser aprovado "pela maioria absoluta do Senado Federal". O problema é que, com a atual fórmula, de 50% mais um, o governo muitas vezes pode alcançar o quórum necessário sem precisar negociar com a oposição ou partidos menores. Essa facilidade permite que o presidente da República escolha o nome que mais lhe aprouver, pelos critérios mais esdrúxulos, sem se preocupar se os senadores de outros partidos irão ou não gostar de sua predileção. A história brasileira mostra que mesmo candidatos controversos ou que despertam suspeitas de conflitos de interesses são aprovados sem qualquer percalço no Senado. As

COMO CONSERTAR O STF

sabatinas, que são as sessões para que os candidatos sejam questionados, não passam de mera formalidade.

A regra da maioria absoluta já foi questionada em outros lugares. Um país que agiu para acabar com essa facilidade foi a vizinha Argentina. Em 1994, uma reforma elevou o patamar de aprovação dos candidatos à Corte Suprema de Justiça, que tem cinco ministros, para dois terços. A mudança obrigou que os presidentes de turno pensassem duas vezes antes de apontar um nome para a Corte. Em vez de indivíduos propensos ao conflito ou de viés partidário muito claro, os presidentes começaram a cogitar especialistas respeitados tanto no ambiente acadêmico, como no meio político, representando várias correntes de pensamento. Eles passaram, então, a buscar nomes que pudessem gerar consenso, em vez de divisão.

Outra reforma feita na Argentina ajudou a dar mais transparência ao processo e permitiu maior participação da sociedade. Em 2003, o presidente Néstor Kirchner baixou um decreto criando várias regras. Em primeiro lugar, exigiu-se a divulgação em órgãos da imprensa oficial de uma lista dos nomes cotados para o tribunal. A decisão final continuou sendo de uma única pessoa — o presidente. Mas a mera publicidade de uma lista de possibilidades permitiu que os argentinos avaliassem o currículo dos candidatos e se posicionassem a respeito. Quando um problema é identificado, como um possível conflito de interesses, partidos e organizações podem se pronunciar. A ideia é que essa divulgação promova um debate e gere um constrangimento caso o presidente realmente esteja pensando em pinçar um nome ruim.

No Brasil, o processo de escolha segue o regimento interno do Senado. O presidente da República envia à Casa legislativa uma mensagem contendo um único nome, o de seu escolhido. Então, a Casa designa um senador para escrever um parecer. Como este é o país dos conchavos, o relator sempre tem recomendado a aprovação do nome. A sociedade civil tem um prazo para se manifestar, mas nunca conta para nada. A sabatina costuma ser agendada para dali a poucos dias. No dia marcado, os senadores protagonizam cenas de bajulação, as quais inevitavelmente culminam com a aprovação do indicado sob aplausos. A adulação tem uma explicação simples. Muitos dos senadores têm ou já tiveram um inquérito criminal no Supremo. Em 2023, esse era o caso de trinta e cinco dos oitenta e um senadores, ou 43% do total[14]. Ao sabatinar os candidatos ao tribunal e aprová-los, eles, assim, estão escolhendo seus próprios juízes. Indispor-se com alguém que em breve os estará julgando é a última coisa que eles querem fazer.

O Senado também tem buscado, de maneira tímida, orientar o funcionamento do STF, indo além do processo de aprovação dos nomes. Nesse caso, a ideia é agir em questões *"ex post"*, considerando que os ministros já estão sentados em suas cadeiras. Um caso recente é o da PEC 8/2021 que tenta coibir as decisões individuais de ministros do STF, aquilo que já foi batizado de "ministocracia". Trata-se de uma anomalia mundial. O Brasil é o único país em que integrantes de um tribunal constitucional se sentem livres para derrubar — sozinhos — atos do Executivo ou do Legislativo. Como a importância dessas decisões é muito grande, a prudência recomendaria que o tribunal só se manifestasse a favor ou contra de forma colegiada, com todos os magistrados votando. Não é o que acontece no Brasil.

Outra opção, mais complicada, seria que o Congresso estabelecesse uma maneira de derrubar as decisões mais questionáveis do STF, como ocorre na maioria das democracias constitucionais. A prática poderia ser feita exigindo-se um quórum elevado nas duas Casas legislativas. "Certamente, seria necessário exigir supermaiorias, de três quintos dos votos. Mesmo que essa supermaioria nunca fosse alcançada, a mera possibilidade de superação de uma decisão judicial já seria suficiente para impelir os ministros a condutas mais contidas", diz Antonio Sepúlveda, doutor e professor em Direito na Universidade Federal do Rio de Janeiro[15]. O resultado seria um equilíbrio mais saudável entre os Poderes, mas a discussão desse tema certamente enfrentaria muita resistência do Judiciário.

COMO CONSERTAR O STF

"Talvez as supremas cortes indiana e colombiana sejam as únicas que partilhem o status supremocrático assumido pelo STF no Brasil a partir de 1988", escreve Oscar Vilhena Vieira, em *A Batalha dos Poderes*[16].

No mais, o importante é que a sociedade brasileira, com seus partidos, veículos de imprensa, movimentos e organizações permaneça vigilante e cobre iniciativas de seus representantes, para garantir o bom funcionamento da democracia e evitar abusos por parte do principal tribunal do país. Não há dúvida de que hoje há uma insatisfação com o STF na sociedade brasileira, mas qualquer reforma deve ser feita com cuidado e planejamento, pelas vias constitucionais.

SOBRE O QUE É HISTÓRICO

O SUPREMO TRIBUNAL FEDERAL publicou uma atarantada resolução em 2011 com a meta de categorizar os documentos da Corte "conforme critérios de relevância e valor histórico".

Assinado pelo ministro Cezar Peluso, o documento definia o que era valor histórico: "o atributo concedido aos processos e demais documentos que representem um acontecimento, fato ou situação relevante para a história do tribunal e da sociedade, bem assim os de grande repercussão nos meios de comunicação". O trabalho de selecionar os documentos de valor histórico ficaria a cargo da Comissão Permanente de Avaliação de Documentos, CPAD. Todos os anos, esse grupo ficaria encarregado de elaborar um relatório "com os motivos que justificaram a atribuição de potencial histórico".

Historiadores se indignaram com a empáfia do STF. Segundo os profissionais do ramo, o tribunal falhava em não entender como se dava o processo de atribuição de valor em uma sociedade. Afinal, um documento não se torna histórico porque algum iluminado disse que ele era histórico.

A Associação Nacional de História, Anpuh, divulgou uma nota criticando a resolução. A entidade apontava vários problemas no texto. O primeiro era tentar estabelecer o que é ou não histórico por decreto. "Nenhum documento possui relevância ou valor histórico em si, mas somente a partir das perguntas que o historiador dirige ao passado",

SOBRE O QUE É HISTÓRICO

escrevem os historiadores. Um dos exemplos dados no texto é a importância que se dá hoje ao protagonismo das mulheres. Foi por causa da atenção que se dá hoje ao tema que os historiadores passaram a investigar registros policiais sobre violência doméstica, guarda de crianças ou brigas entre vizinhos. Esses documentos são valorizados sob a perspectiva atual, mas não eram tratados como históricos no passado.

"É realmente um equívoco legislar sobre que documentos são históricos ou não, pois, em primeiro lugar, a própria noção do que é histórico também é histórica, variando no tempo e em diferentes sociedades e, em segundo lugar, porque, potencialmente, todo vestígio do passado pode ser uma fonte histórica, dependendo do que queremos conhecer desse passado. O desconhecimento dessas ideias pelo órgão superior de nosso Poder Judiciário é estarrecedor", diz a nota da Anpuh.

Outro problema apontado pelos historiadores eram os critérios ultrapassados. A resolução de Peluso listava entre os documentos que poderiam ganhar o selo histórico documentos referentes "à nomeação, posse, exercício e atuação dos ministros do STF" e "personalidades de renome nacional e internacional". Para os historiadores, a idealização de "grandes personagens" guiando a história seria uma "volta espetacular ao século 19".

A nota da entidade também fazia um duro questionamento ao egocentrismo do tribunal, pois a resolução entendia que seriam relevantes os documentos referentes à própria história institucional da Corte. Deveriam ser guardados para a eternidade, assim, os textos sobre a modernização e reforma na estrutura orgânica, seu planejamento estratégico e suas atividades anuais. Além de serem arquivos desinteressantes e inúteis, haveria aí um erro na hierarquização das informações. "Mais uma vez, a Justiça isola-se e, em um exercício narcísico, parece se considerar importante por si mesma", diz o texto da Anpuh. A mensagem terminava com um pedido pelo fim da resolução. "Com base nessas considerações, rogamos ao STF que revogue a resolução 474, pelo bem da memória nacional, da pesquisa histórica, da cidadania, e, por que não, da imagem já tão desgastada de nosso Judiciário."

Enfim, a resolução de Peluso não foi nada além de uma tentativa de os ministros do STF escreverem a própria história, selecionando os acontecimentos que lhes agradavam e colocando a si próprios como os grandes protagonistas. Doze anos depois, o resultado foi a criação de um site chamado *Supremo Histórico*, que no final de 2023 se declarava "ainda em construção".

Pois bem. Nenhum dos documentos utilizados neste livro foi obtido a partir do site criado pelo Supremo. Nada aqui foi feito por decreto, seguindo as determinações dadas pelos ministros ou buscando enaltecer o autorretrato heroico que eles se esforçam tanto em divulgar.

A história contada nesta obra foi construída de maneira totalmente livre, com entrevistas e leituras diversas, aproveitando o conselho sábio do tempo que passou.

A liberdade, afinal, só tem valor quando é praticada. Com a democracia acontece a mesma coisa.

Duda Teixeira
Março de 2024

BIBLIOGRAFIA

ARGUELHES, Diego Werneck. *O Supremo: entre o direito e a política*. Rio de Janeiro: História Real, 2023.

BARBOSA, Ruy. *O Supremo Tribunal Federal na Constituição Brasileira*. Montecristo Editora, 2013.

BARROSO, Luís Roberto. *Curso de Direito Constitucional Contemporâneo: os conceitos fundamentais e a construção do novo modelo*. São Paulo: Saraiva Educação, 2019.

CARNEIRO, Maria Luiza Tucci (org.). *Minorias Silenciadas*. São Paulo: Edusp, 2020.

CARVALHO, Julia. *Amordaçados: uma história da censura e de seus personagens*. São Paulo: Editora Manole, 2013.

COUTINHO, João Pereira. *As Ideias Conservadoras Explicadas a Revolucionários e Reacionários*. São Paulo: Três Estrelas, 2014.

DORIA, Pedro. *1789: a história de Tiradentes e dos contrabandistas, assassinos e poetas que lutaram pela Independência do Brasil*. Rio de Janeiro: Harper Collins, 2017.

GARSCHAGEN, Bruno. *Direitos Máximos, Deveres Mínimos: o festival de privilégios que assola o Brasil*. Rio de Janeiro: Record, 2021.

GOMES, Laurentino. *1889: como um imperador cansado, um marechal vaidoso e um professor injustiçado contribuíram para o fim da Monarquia e a Proclamação da República no Brasil*. São Paulo: Globo, 2013.

HAYEK, F. A. *A Constituição da Liberdade*. São Paulo: Avis Rara, 2022.

KRAUZE, Enrique. *Os Redentores: ideias e poder na América Latina*. São Paulo: Saraiva, 2011.

LUNARDI, Francisco Castagna. *O STF na Política e a Política no STF*. São Paulo: Saraiva Educação, 2020.

MAULTASCH, Gustavo. *Contra toda Censura: pequeno tratado sobre a liberdade de expressão*. São Paulo: Avis Rara, 2022.

MENDES, Conrado Hübner. *O Discreto Charme da Magistocracia: vícios e disfarces do Judiciário brasileiro*. São Paulo: Todavia, 2023.

MONTESQUIEU, Charles-Louis de Secondat. *O Espírito das Leis*. São Paulo: Edipro, 2023.

OLIVEIRA, Fabiana Luci de. STF: *do autoritarismo à democracia*. Rio de Janeiro: Campus Jurídico, 2012.

PAGANOTTI, Ivan. *Censura, Justiça e Regulação da Mídia na Redemocratização*. Curitiba: Editora Appris, 2021.

PATARRA, Ivo. *20 Anos de Corrupção: os escândalos que marcaram Lula, Dilma, Temer e Bolsonaro*. Rio de Janeiro: História Real, 2022.

RECONDO, Felipe; WEBER, Luiz. *Os Onze: o STF, seus bastidores e suas crises*. São Paulo: Companhia das Letras, 2019.

RECONDO, Felipe; WEBER, Luiz. *O Tribunal: como o Supremo se uniu ante a ameaça autoritária*. São Paulo: Companhia das Letras, 2023.

RECONDO, Felipe. *Tanques e Togas: o STF e a ditadura militar*. Companhia das Letras, 2018.

RODRIGUES, Lêda Boechat. *História do Supremo Tribunal Federal. Tomo I / 1891-1898: defesa das liberdades civis*. Rio de Janeiro: Editora Civilização Brasileira, 1991.

VIEIRA, Oscar Vilhena. *Supremo Tribunal Federal: jurisprudência política*. São Paulo: Malheiros Editores, 1994.

VIEIRA, Oscar Vilhena. *A Batalha dos Poderes*. São Paulo: Companhia das Letras, 2018.

VILLA, Marco Antonio. *A História das Constituições Brasileiras*. São Paulo: Leya, 2011.

VITORELLI, Edilson. *Qual Ministro Eu Sou?* Belo Horizonte: Editora D'Plácido, 2019.

ESTUDOS CIENTÍFICOS E ARTIGOS

ARGUELHES, Diego Werneck; RIBEIRO, Leandro. "Ministrocracia: o Supremo Tribunal individual e o processo democrático brasileiro". *Novos estudos Cebrap*, São Paulo, janeiro/abril de 2018.

BARROSO, Luís Roberto. "Neoconstitucionalismo e constitucionalização do direito (O triunfo tardio do direito constitucional no Brasil)". Abril/junho de 2005.

DA ROS, Luciano. "O custo da Justiça no Brasil: uma análise comparativa exploratória". *The Observatory of Social and Political Elites of Brazil, newsletter*, vol. 2, número 9, Universidade Federal do Paraná, UFPR, Núcleo de Pesquisa em Sociologia Política Brasileira, NUSP, julho de 2015.

FERRAZ, Sérgio Eduardo. "O império revisitado: instabilidade ministerial, Câmara dos Deputados e poder moderador (1840-1889)". Tese de doutorado, USP, São Paulo, 2012.

FERREIRA, Ricardo Alexandre. "Polissemias da desigualdade no Livro V das Ordenações Filipinas: o escravo integrado". História (São Paulo) vol. 34, n. 2. p. 165-180, julho/dezembro de 2015.

LUNA, Naara. "O direito ao aborto em caso de anencefalia: uma análise antropológica do julgamento da ADPF 54 pelo Supremo Tribunal Federal". Em https://www.scielo.br/j/mana/a/RwRJFKhjthkjPgmKnbhZqqS/#.

MEIRA, Silvio. "Os partidos políticos". *Revista de Ciência Política*, Rio de Janeiro, 18 (2): 9-27, abril/junho de 1975.

BIBLIOGRAFIA

MOREIRA, Thiago de Miranda Queiroz. "A constitucionalização da Defensoria Pública: disputas por espaço no sistema de justiça". Universidade de São Paulo, Departamento de Ciência Política.

NERY, Pedro Fernando. "Como decidem os ministros do STF: pontos ideais e dimensões de preferências". Brasília, fevereiro de 2013.

OLIVEIRA, Fabiana Luci de. "Processo decisório no Supremo Tribunal Federal: coalizões e 'panelinhas'". *Revista de Sociologia Política* 20 (44), novembro de 2012.

OLIVEIRA, Fabiana Luci; CUNHA, Luciana Gross. "Reformar o Supremo Tribunal Federal?". *Revista Estudos Institucionais*, vol.6, n. 1, pp. 01-20, janeiro/abril de 2020.

RAMOS, Luciana de Oliveira; CUNHA, Luciana Gross; OLIVEIRA, Fabiana Luci de; SAMPAIO, Joelson de Oliveira. *Relatório ICJBrasil 2021*, FGV Direito SP, São Paulo.

SANTOS, Lisle Dourado. "A regulação do uso das células-tronco: reflexões sobre a atuação do poder Legislativo e do Supremo Tribunal Federal". Universidade do Legislativo Brasileiro, Brasília, 2008.

VIEIRA, Oscar Vilhena; GLEZER, Rubens; BARBOSA, Ana Laura Pereira. "Supremocracia e infralegalismo autoritário: o comportamento do Supremo Tribunal Federal durante o governo Bolsonaro". *Novos Estudos Cebrap*, São Paulo, V41n03, páginas 591-605, setembro-dezembro 2022. https://www.scielo.br/j/nec/a/MhZGQpCF7MTNfVF5BFsvrnv/.

VIEIRA, Hugo Otavio Tavares. "As Ordenações Filipinas: o DNA do Brasil". *Revista dos Tribunais*, vol. 958, agosto de 2015.

NOTAS

NO PLENÁRIO

1. Felipe Recondo e Luiz Weber. *O Tribunal: como o Supremo se uniu ante a ameaça autoritária.*

SEPARAÇÃO DE PODERES

1. Laurentino Gomes. *1889: como um imperador cansado, um marechal vaidoso e um professor injustiçado contribuíram para o fim da Monarquia e a Proclamação da República no Brasil*, p. 188.
2. Consulta realizada ao site do STF em dezembro de 2023.
3. Enrique Krauze, *Os Redentores: ideias e poder na América Latina*, p. 45.
4. Enrique Krauze. *Os Redentores: ideias e poder na América Latina*, p. 50.
5. Para conhecer mais o caráter conservador da Revolução Gloriosa, ver: João Pereira Coutinho. *As Ideias Conservadoras Explicadas a Revolucionários e Reacionários.*
6. F. A. Hayek. *A Constituição da Liberdade.*
7. Charles-Louis de Secondat Montesquieu. *O Espírito das Leis*, p. 192.
8. Segue Montesquieu, na página seguinte: "Não há liberdade alguma se o Poder Judiciário não for separado do Poder Legislativo. Se estivesse unido ao Poder Legislativo, o poder sobre a vida e a liberdade dos cidadãos seria arbitrário, pois o juiz seria legislador. Se estivesse unido ao Poder Executivo, o juiz poderia deter a força de um opressor."
9. Oscar Vilhena Vieira. Supremo Tribunal Federal: jurisprudência política, p. 64.
10. Silvio Meira. "Os partidos políticos".
11. "Constituição Política do Imperio do Brazil (de 25 de março de 1824)": https://www.planalto.gov.br/ccivil_03/constituicao/constituicao24.htm.
12. Lêda Boechat Rodrigues. *História do Supremo Tribunal Federal*, p. 1.
13. Ruy Barbosa. *O Supremo Tribunal Federal na Constituição Brasileira.*
14. Marco Antonio Villa. *A História das Constituições Brasileiras*, p. 139.

NOTAS

15. Diego Arguelhes e Leandro Ribeiro. "Ministrocracia: o Supremo Tribunal individual e o processo democrático brasileiro".
16. Esse poder individual dos ministros foi atenuado por reformas sob a presidência de Rosa Weber no Supremo Tribunal Federal, em 2022, que impuseram um limite aos pedidos de vista e decisões monocráticas.
17. Luís Roberto Barroso. "Neoconstitucionalismo e constitucionalização do Direito (O triunfo tardio do direito constitucional no Brasil)".
18. Outra frase da análise de Barroso sobre o Judiciário vale o registro: "Superamos a crônica indiferença que, historicamente, se manteve em relação à Constituição. E, para os que sabem, é a indiferença, não o ódio, o contrário do amor."
19. Oscar Vilhena de Vieira. *A Batalha dos Poderes*, p. 188.
20. Lisle Dourado Santos. "A regulação do uso das células-tronco: reflexões sobre a atuação do poder Legislativo e do Supremo Tribunal Federal".
21. "Constituição da República Federativa do Brasil de 1988". https://www.planalto.gov.br/ccivil_03/constituicao/constituicao.htm.
22. Fabrício Castagna Lunardi. *O* STF *na Política e a Política no* STF, p. 131.
23. Oscar Vilhena Vieira. *A Batalha dos Poderes*, p. 204.
24. Rubens Glezer. *Catimba Constitucional*, p. 64.
25. Oscar Vilhena Vieira, Rubens Glezer e Ana Laura Pereira Barbosa. "Supremocracia e infralegalismo autoritário: o comportamento do Supremo Tribunal Federal durante o governo Bolsonaro".

IMPARCIALIDADE

1. Luiz Maklouf Carvalho. "O Supremo, *quosque tandem*?". Edição 48. Revista *Piauí*, setembro de 2010.
2. Eduardo Barreto e Filipe Coutinho. "A mesada de Toffoli". Edição 13. Revista *Crusoé*, 27 de julho de 2018: https://crusoe.com.br/edicoes/13/a-mesada-de-toffoli/.
3. Vanessa Lippelt. "Os casais poderosos do Supremo". Edição 270. Revista *Crusoé*, 30 de junho de 2023: https://crusoe.com.br/edicoes/270/os-casais-poderosos-do-STF/.
4. Entrevista de Eliana Calmon para Felipe Moura Brasil e Carlos Graieb. *Papo Antagonista*, 21 de agosto de 2023: https://www.youtube.com/watch?v=www6HzFW-7c&t=2159s.
5. Diego Werneck Arguelhes. *O Supremo: entre o direito e a política*, p. 78.
6. Fabiana Luci de Oliveira. STF: *do autoritarismo à democracia*, p. 12.
7. Felipe Recondo e Luiz Weber. *Os Onze: o* STF, *seus bastidores e suas crises*, p. 303.
8. Vera Magalhães. "Tendência era amaciar para Dirceu", diz ministro do STF. *Folha de S.Paulo*, 30 agosto de 2007: https://www1.folha.uol.com.br/fsp/brasil/fc3008200702.htm.
9. Fabiana Luci de Oliveira. "Processo decisório no Supremo Tribunal Federal: coalizões e 'panelinhas'". *Revista de Sociologia Política* 20 (44), novembro de 2012: https://www.scielo.br/j/rsocp/a/WnQnXpwLV6SPnXTqgLRxdPq/abstract/?lang=pt#.

STF - COMO CHEGAMOS ATÉ AQUI?

10. Felipe Recondo e Luiz Weber. *Os Onze*, p. 158.
11. Pedro Fernando Nery. "Como decidem os ministros do STF: pontos ideais e dimensões de preferências". Brasília, fevereiro de 2013: http://icts.unb.br/jspui/bitstream/10482/13565/1/2013_PedroFernandoAlmeidaNeryFerreira.pdf.
12. Mariana Assis. "STF tem piora na avaliação e é reprovado por 38%; aprovação é de 27%, diz Datafolha". *O Estado de S. Paulo*, 9 de dezembro de 2023.
13. "STF é aprovado por 17% dos brasileiros, diz Genial/Quaest". *Poder360*, 21 de novembro de 2023.
14. Nicolas Iory. "Partidos, Congresso, igrejas, STF: o quanto o brasileiro confia nessas e em outras instituições?" *Pulso/O Globo*, 13 de setembro de 2023.

ACESSO À JUSTIÇA

1. Thiago de Miranda Queiroz Moreira. "A constitucionalização da Defensoria Pública: disputas por espaço no sistema de justiça". Universidade de São Paulo, Departamento de Ciência Política.
2. Renato Alves. "Generoso com os grandes, inclemente com os pequenos". Revista *Crusoé*, 1º de janeiro de 2019.
3. Lúcio Vaz. "'Crimes de bagatela': tribunal superior julga de roubo de galinha a furto de moedas". *Gazeta do Povo*, 23 de outubro de 2017.
4. Ivo Patarra. *20 Anos de Corrupção: os escândalos que marcaram Lula, Dilma, Temer e Bolsonaro*, p. 274.
5. Edilson Vitorelli. *Qual Ministro Eu Sou?*, p. 135.
6. Edilson Vitorelli. *Qual Ministro Eu Sou?*, p. 137.
7. Entrevista telefônica com Roberto DaMatta em janeiro de 2023.
8. Ricardo Alexandre Ferreira. "Polissemias da desigualdade no Livro V das Ordenações Filipinas: o escravo integrado".
9. Hugo Otavio Tavares Vieira. "As Ordenações Filipinas: o DNA do Brasil".
10. Gilmar Alves Montagnoli *et al.* "Os mecanismos de controle das pulsões presentes nas Ordenações Filipinas". Universidade Estadual de Maringá, Paraná.
11. Entrevista por e-mail com Ricardo Alexandre Ferreira em 4 de junho de 2023.
12. Laurentino Gomes. *1889*, pp. 95 e 98.
13. Felipe Recondo. *Tanques e Togas: o STF e a ditadura militar*, p. 10.
14. Hugo Otavio Tavares Vieira. "As Ordenações Filipinas: o DNA do Brasil".
15. Entrevista com Gustavo de Almeida Ribeiro em 20 de fevereiro de 2023.
16. Daniela Pinheiro. "O protetor dos poderosos". Edição 62. *Revista Piauí*, novembro de 2011.
17. Diego Werneck Arguelhes. *O Supremo: entre o direito e a política*, p. 184.
18. Francisco Castagna Lunardi. *O STF na Política e a Política no STF*, p. 241.
19. Nonato Viegas. "O fim de semana dos amigos Dias Toffoli e Fábio Faria". *O Bastidor*, 31 de janeiro de 2022.

NOTAS

20. Rodrigo Rangel. "Exclusivo: bancado por advogado, ministro do STF vai de jatinho a Paris para final da Champions". *Metrópoles*, 17 de junho de 2022.
21. Luiz Vassallo. "Empresas com causas de R$ 158 bilhões patrocinam eventos para magistrados". *Estadão*. 5 de março de 2023.
22. Bruno Garschagen. *Direitos Máximos, Deveres Mínimos: o festival de privilégios que assola o Brasil*, p. 90.
23. Duda Teixeira. "Por que a AMB pagou a festança de Barroso". Revista *Crusoé/OAntagonista*, 29 de setembro de 2023.
24. Luiz Maklouf Carvalho. "O Supremo, *quosque tandem?*". Edição 48. Revista *Piauí*, setembro de 2010.
25. Fabio Leite. "O fazendeiro Gilmar". Revista *Crusoé*, 7 de abril de 2022.
26. Claudio Dantas. "Exclusivo: irmãos de Dias Toffoli viram sócios de resort no Paraná". *O Antagonista*, 17 de setembro de 2021.
27. Claudio Dantas. "Irmão de Toffoli é afastado de paróquia de Marília após notícia de sociedade em resort". *O Antagonista*, 2 de novembro de 2021.
28. Luciano Timm em entrevista para a revista *Crusoé/OAntagonista*. "O Brasil tem uma Justiça cara e ineficiente", 12 de maio de 2022.
29. Lúcio Vaz. "Os voos secretos de ministros do STF em jatinhos da FAB". *Gazeta do Povo*, 9 de março de 2023.
30. Bruno Garschagen. *Direitos Máximos, Deveres Mínimos: o festival de privilégios que assola o Brasil*, pp. 75-97.
31. Luciano Da Ros. "O custo da Justiça no Brasil: uma análise comparativa exploratória".

LIBERDADE DE EXPRESSÃO

1. Caio Junqueira. "A suprema censura". *Revista Crusoé*, 19 de abril de 2019.
2. Rodrigo Rangel. "URGENTE: ministro do STF censura *Crusoé*", 15 de abril de 2019.
3. Mario Sabino declinou educadamente o pedido para dar uma entrevista para este livro, alegando que ainda estava no "processo do Moraes".
4. André Marsiglia. "Liberdades violadas". Revista *Crusoé*, 19 de abril de 2019.
5. Rodrigo Rangel e Mateus Coutinho. "O amigo do amigo de meu pai". Revista *Crusoé*, 11 de abril de 2019.
6. Rodrigo Rangel e Fabio Leite. "O 'blog' de Aras". Revista *Crusoé*, 7 de agosto de 2020.
7. Mario Sabino. "Feliz aniversário, Mario". Revista *Crusoé*, 2 de abril de 2021.
8. Gustavo Maultasch. *Contra Toda Censura: pequeno tratado sobre a liberdade de expressão*. São Paulo: Avis Rara, 2022.
9. Duda Teixeira, o autor deste livro, se juntou à equipe da *Crusoé* em novembro de 2018.
10. Rodrigo Rangel e Filipe Coutinho. "Os patrocínios ocultos do ministro". Revista *Crusoé*, 11 de maio de 2018.

11. Alberto Dines. "A mídia como campo de batalha". *Observatório da Imprensa*, 30 de março de 2010: https://www.observatoriodaimprensa.com.br/jornal-de-debates/a-midia-como-campo-de-batalha/.
12. Mauricio Maia. "Censura, um processo de ação e reação". EM: CARNEIRO, Maria Luiza Tucci (org.) *Minorias Silenciadas*. São Paulo: Edusp, 2020, p. 478.
13. Ivan Paganotti. *Censura, Justiça e Regulação da Mídia na Redemocratização*. Curitiba: Editora Appris. 2021.
14. Bernardo Kucinski. "A primeira vítima: a autocensura durante o regime militar". Em CARNEIRO, Maria Luiza Tucci (org.) *Minorias Silenciadas*. São Paulo: Edusp, 2020, p. 541.
15. Gustavo Maultasch. *Contra Toda Censura*, p. 124.
16. Renan Ramalho. "TSE confirma veto a documentário da Brasil Paralelo e ministros negam censura". *Gazeta do Povo*, 20 de outubro de 2022.
17. Lygia Maria. "Quando a exceção vira norma". *Folha de S.Paulo*, 18 de junho de 2023.
18. André Marsiglia: "Decisão de Moraes sobre Monark parte de premissas perigosas". Revista *Crusoé*, 15 de junho de 2023.

COMO CONSERTAR O STF

1. Duda Teixeira. "Planalto quer blindar vidros, algo que o STF tenta há dez anos". Revista *Crusoé*, 2 de janeiro de 2023.
2. Thais Bilenky. Podcast "Alexandre". Revista *Piauí*. Episódio 5: Terceiro tempo.
3. Felipe Recondo e Luiz Weber. *O Tribunal: como o Supremo se uniu ante a ameaça autoritária*, p. 21.
4. Vera Rosa. "'Precisamos achar os culpados para tirar essa nuvem de desconfiança'". *Estado de S. Paulo*, 7 de janeiro de 2023, p. A6.
5. Márcio Falcão. "STF atualiza o cálculo e conta prejuízo de R$ 12 milhões com ataque golpista de 8 de janeiro". TV Globo/G1, 17 de dezembro de 2023.
6. Ranier Bragon. "STF, Planalto e Congresso têm prejuízo de pelo menos R$ 20 milhões com 8/1". *Folha de S.Paulo*, 4 de julho de 2023.
7. Conrado Hübner Mendes. *O Discreto Charme da Magistocracia: vícios e disfarces do Judiciário brasileiro*. Apresentação.
8. Lilian Christofoletti. "Lula critica a 'caixa-preta' do Judiciário e defende controle". *Folha de S.Paulo*, 23 de abril de 2003.
9. Duda Teixeira. "O Congresso deve recolocar o STF no seu devido lugar". Entrevista com Marcel Van Hattem. Revista *Crusoé*, 2 de dezembro de 2022.
10. Fabiana Luci de Oliveira e Luciana Gross Cunha. "Reformar o Supremo Tribunal Federal?".
11. Uma emenda constitucional aumentou a idade máxima de setenta para setenta e cinco anos.

NOTAS

12. Duda Teixeira. Esperidião Amin: "Há um exagero de decisões monocráticas". Revista *Crusoé*, 2 de novembro de 2023.
13. Duda Teixeira. Plínio Valério: "O Supremo pode muito, mas não pode tudo". Revista *Crusoé*, 5 de outubro de 2023.
14. José Marques. "Quase metade dos senadores que votarão indicação de Zanin ao STF foi alvo de inquérito na corte". *Folha de S.Paulo*, 2 de junho de 2023.
15. Entrevista concedida em 23 de dezembro de 2023.
16. Oscar Vilhena Vieira. *A Batalha dos Poderes*, p. 166.

ASSINE NOSSA NEWSLETTER E RECEBA INFORMAÇÕES DE TODOS OS LANÇAMENTOS

www.faroeditorial.com.br

CAMPANHA

Há um grande número de pessoas vivendo com HIV e hepatites virais que não se trata. Gratuito e sigiloso, fazer o teste de HIV e hepatite é mais rápido do que ler um livro.

FAÇA O TESTE. NÃO FIQUE NA DÚVIDA!

ESTA OBRA FOI IMPRESSA EM MARÇO DE 2024